Carolinas

Cría y mutaciones

P. Cross   I   D. Andersen

HISPANO EUROPEA

índice

Pareja de rostro amarillo.

Macho normal, hembra canela de
rostro blanco y hembra lutino, canela,
perlada y arlequinada.

Hembra de rostro blanco.

Peggy Cross

Peggy llegó a Perth, Australia Occidental, el 23 de diciembre de 1978, con la firme idea de regresar a Seattle (Washington, EE.UU.) al cabo de ocho meses. El contrato de la Boeing para el proyecto petrolífero de la compañía Northwest Shelf se prorrogó varias veces, y los miembros de su familia son ahora ciudadanos australianos. La afición a tener unos cuantos periquitos hizo que se iniciara en el estudio de la avicultura. Consiguió una hembra gris de carolina como mascota. Este proyecto «mascota» fracasó, pero estaba intrigada por saber qué saldría del apareamiento entre un macho «blanco» con la hembra... Tras ello vino el ¿POR QUÉ?, y es esta pregunta la que hace que ésta, su afición, le siga resultando interesante.

Orgullosa y leal miembro fundador de la *Aviary Bird Association* en Australia Occidental, Peggy es en la actualidad miembro del comité de la *Avicultural Society of Southern Tasmania*. Durante muchos años ha contribuido, con artículos sobre avicultura, en muchas organizaciones, incluida la *Australian Birdkeeper*. Ha tenido la oportunidad, especialmente agradable, de visitar sociedades avícolas en otros estados para hablar de su interés por las aves. Fue invitada, para hablar sobre carolinas, a la convención de la AFA celebrada en Melbourne recientemente.

Mientras en Australia Occidental Peggy tenía y criaba muchas de las cacatúas australianas y una amplia variedad de otros loros australianos, con su traslado a Tasmania su colección se redujo considerablemente. Ahora que sus aviarios están bien asentados, una mayor variedad de aves especiales se están aclimatando felizmente. Las cacatúas del Mayor Mitchell, las cacatúas fúnebres piquilargas y las fúnebres de cola roja medran; también los loritos del género *Psephotus*, los periquitos del género *Neophema* y variedad de rosellas. Muchas de sus elecciones reflejan su interés por las mutaciones.

Tasmania ofrece un maravilloso entorno, similar al del noroeste de EE.UU., y su familia vive a sólo 20 minutos de Hobart, en un entorno rural. Con el claro cambio de estaciones, las aves tienen la estimulación propia de los ciclos reproductivos naturales. La familia de perros Dobermann se mudó alegremente y disfruta mucho de sus tareas en los aviarios, donde comparten territorio y compiten con las cacatúas por algún que otro hueso de chuleta o una almendra.

Otra ventaja es el poder disfrutar de una amplia variedad de animales nativos, con los *ubicuos possums*, el *bandicot* de Bouganvile, el *quoll* occidental (que al principio se confundía con un gato salvaje), el *equidna*, el *potoroo* de hocico largo, el *bettong* de Tasmania, el *pademelon*, los *wallabis* y algún que otro canguro gris. Para su tranquilidad, los diablos de Tasmania no viven en esa región.

Los árboles de las cercanías albergan a las rosellas de vientre amarillo (*Platycercus caledonicus*), la rosella o perico multicolor local (*Platycercus eximus dimenensis*) y las cacatúas fúnebres de cola amarilla, además de una gran variedad de aves locales que consumen alimentos blandos. Las águilas audaces anidan en la colina vecina y a veces hasta siete de ellos vuelan juntos por encima de su finca.

Diana Andersen

Diana es una de las pocas personas que investigaron y estudiaron las aves antes de decidirse a tener en cautividad algunos ejemplares.

Ha sido miembro activo de la *Aviary Bird Association* de Australia Occidental, donde en la actualidad ocupa el puesto de secretaria y contribuye regularmente con varias organizaciones con sagaces artículos sobre las carolinas y su manejo. Su actitud decidida y metódica ha contribuido, en gran medida, a la mejora de la calidad de las cacatúas que en la actualidad considramos como el prototipo de los ejemplares a tener. Es joyera de profesión, y trata los cuidados y la cría de las cacatúas como un tipo distinto de producción artística, por lo que las hermosas aves resultantes son reflejo de sus cuidados.

Su colección de aves incluye en la actualidad una excelente selección de cacatúas, loritos del género *Psephotus* y pericos del género *Polytelis*, y otros con una amplia variedad de colores que llaman la atención. Con el aumento de cantidad y variedad, también ha obtenido y adiestrado, hasta llegar a hacerlos campeones, a un par de perros boyeros llenos de energía. Estos interesantes canes tienen un ladrido muy animado, y una gran capacidad de búsqueda y caza para su variada familia.

Diana, que vive en las colinas que dominan Perth (Australia Occidental), suele ser visitada por bandadas salvajes de galahs, periquitos ventiocho, rosellas de Stanley y periquitos de cabeza púrpura y, en ocasiones, por loris de corona púrpura y cacatúas fúnebres de cola blanca y de cola roja.

Introducción

La muy apreciada carolina, considerada en la actualidad la especie de menor tamaño de la familia de las cacatúas, es una de las aves de aviario o tenidas como mascota más populares del mundo.

Las carolinas son el ave perfecta, ya que se adaptan a todo tipo de intereses y necesidades. Su encantadora personalidad, su buena disposición para reproducirse y su constitución resistente hacen que su demanda sea constante.

Este tipo de aves aprenderán a imitar los sonidos humanos, pueden aprender a silbar arias de ópera con entusiasmo, sonar como un teléfono (y, además, llamar a sus propietarios para que acudan para responder a la llamada), ladrar como un perro o imitar a cualquier ave que viva cerca durante un cierto tiempo. Aprenderán pronto a imitar el timbre del microondas o, si las tiene dentro de casa, cualquier otro ruido que oigan con frecuencia en su hogar.

Le incluirán alegremente en su familia y le permitirán participar en los planes y la cría de sus polluelos, a veces hasta resultar un tanto pesadas. Si necesita un amigo leal o un compañero constante, una carolina puede hacer que sea usted el centro de su vida. Esto supone una importante responsabilidad, y antes de adoptar a un ave pequeña para tenerla como mascota, debería pensar detenidamente si podrá estar a la altura de sus necesidades.

Para aquellos que se inicien en la avicultura y que quieran disfrutar de un ave resistente y poco exigente en un aviario situado en el jardín trasero, la carolina será la especie ideal. Con un alojamiento razonable y una dieta variada, sus carolinas tendrán una vida larga y productiva.

Los criadores que quieran aprender, desarrollar o mejorar una estirpe de aves hallarán en la carolina el ave ideal. Con un largo listado de mutaciones reconocidas y más que se están añadiendo, podría pasar toda la vida desarrollando esta faceta de la cría de las carolinas.

Las cacatúas han sido descritas en la literatura desde el siglo XVIII. Fueron expuestas en el *Jardin des Plantes*, en París, en 1846, y allí fueron criadas con éxito. La carolina era ya considerada un ave de aviario asentada en la Europa de 1884, y se hizo un hueco en EE.UU. en 1910. Han sido criadas en Australia desde 1901. El interés en esta ave poco valorada en aquel entonces se aceleró cuando apareció la mutación lutino en 1958.

Se ha escrito mucho discutiendo y cambiando los nombres científicos de esta especie. Yo uso el de *Nymphicus hollandicus* (Kerr).

En la actualidad podemos ver carolinas con muchas variaciones de colores y patrón de pigmentación, pero deberíamos usar el ave gris original como guía del tamaño y la talla. Las dietas domésticas y la cría controlada han proporcionado la base para que la carolina incremente su tamaño, aspecto que sin duda se ha visto potenciado por las exigencias del mercado, pero que debe ser vigilado para que se conserve la integridad de la carolina silvestre.

Los estándares deberían redactarse de modo que la carolina perfecta e ideal sea exactamente eso, y que no sea mayor, más larga, más plumosa, etc. Deberían llevarse a cabo todos los esfuerzos posibles para asegurar que nuestra carolina perfecta y normal no sufra un destino similar al del actualmente casi irreconocible periquito de concurso.

Las carolinas son unas psitácidas de tamaño pequeño o mediano, y deberían medir de 300 a 330 mm de longitud. Algunos estándares para las exposiciones potencian un ave mayor, de hasta 350 mm. Estas medidas incluyen su penacho móvil que se va estrechando hacia su extremo, que mide 50 mm o más, y su cola, larga y esbelta, que constituye la mitad de toda su longitud. El peso normal es de 90-120 g.

La primera descripción del estándar para las exposiciones de la *Australian National Cockatiel Society* es sucinto e ideal:

«La carolina es un ave rolliza y de buen aspecto que tiene un dorso recto y un tórax lleno, lo que confiere el aspecto general de que se trata de un ave fuerte y capaz de desplazarse a lo largo de amplias áreas en busca de su alimento diario.»

No podemos considerarlas, simplemente, como «pájaros grises». Si las observamos de cerca veremos tonos que van del gris plomo al del carbón vegetal por todo el cuerpo del ave. Los tonos castaños y la difusión subyacente de color amarillo hacen que la intensidad de color sea mayor. Todas las carolinas normales disponen de un patrón de coloración blanca en los hombros y en las plumas remeras. Este patrón de coloraciones se une para dar lugar a un barrado blanco en las alas, que es claramente visible en reposo o durante el vuelo. Cuando la difusión de amarillo es rica, este barrado blanco de las alas tiene franjas amarillas.

Los machos maduros desarrollan una cara y un cuello de color amarillo vivo y muestran una mancha anaranjada en la mejilla. La profundidad y la extensión de color amarillo y anaranjado varían en cada ave. Los machos adultos tienen unas plumas timoneras inferiores de color gris oscuro. Si un macho tiene algunas de estas plumas barradas, esto es indicativo de su juventud. Su pecho es de un color gris uniforme. Los machos tienen un penacho elevado y de color amarillo vivo desde la cara hasta alrededor de la mitad de su longitud, y luego tienen unas puntas de tonalidad gris. Usan su expresivo penacho para comunicarse.

Las hembras tienen una cantidad similar de color amarillo y anaranjado en la cara, pero este color se halla superpuesto por una difusión de color gris. Las plumas timoneras inferiores están barradas con tonalidades amarillas, y suelen tener un pecho de tonos grises o moteado. La cresta de las hembras es fundamentalmente gris, pero es tan expresiva y larga como la de los machos.

Nada más eclosionar, las carolinas normales, de tipo silvestre, tienen un plumón amarillo y los ojos oscuros. Los juveniles tienen unas ceras de tono rosado que se «encienden» cuando tienen miedo o se han hecho daño. Las carolinas jóvenes tienen una coloración más oscura, hasta que aparece un plumón pulverulento en cantidad suficiente como para dispersarse por todo su plumaje. Esta distribución suaviza el color de la carolina y también ayuda a hacer que su plumaje sea impermeable.

Los machos jóvenes se parecen mucho a las hembras hasta alrededor de los cuatro meses de vida, cuando empiezan a mostrar un listado amarillo en el rostro y reemplazan las plumas timoneras barradas por unas de color uniforme. Las carolinas tienen unas ceras, pies, uñas y ojos de color gris oscuro cuando son adultas.

En la *Biblioteca del Naturalista*, que consta de 40 volúmenes datados de 1833-1843, el autor, William Jardine, muestra, en el volumen 10, un dibujo pintado a mano por Gould de la «ninfa de mejillas rojas». Esta ave fue identificada como *Nymphious Novae Hollandieae*. Su observación muestra, claramente, a la carolina nativa de Australia. En otros libros históricos las carolinas han sido conocidas con el nombre de «corellas», «pericos crestados», «pericos crestados de tierra», «loro gris», «loro de penacho amarillo» y «loro cacatúa».

Las carolinas están distribuidas por toda Australia. No obstante, la mayoría de los avistamientos en Tasmania corresponden, probablemente, a ejemplares que se han escapado de aviarios. Por lo general evitan las zonas costeras, a no ser que en el interior los veranos hayan sido muy secos. En tal caso, migran cerca de la costa, donde las condiciones son más favorables. Debido a su capacidad de adaptación pueden encontrarse en cualquier lugar de Australia en el que dispongan de un alimento adecuado y de agua.

Observar a las carolinas en la naturaleza era una gran prioridad para mí mientras estuve, hace poco, en los territorios del norte. A cuatro horas al sur de Darwin, en Pine Creek, vi un pequeño grupo de carolinas. Al acercarme, los progenitores volaron hasta un árbol muerto cercano. La hembra quedó claramente a la vista, pero el macho se colocó de lado sobre la rama y, prácticamente, desapareció de mi vista. Él y la rama tenían un color muy parecido. Esto hizo que me diese cuenta de que quizás había pasado cerca de muchas carolinas sin verlas.

Las siete aves jóvenes permanecieron al lado de la carretera de grava, picoteando afanosamente en un lugar. Seguí acercándome, haciendo fotografías, hasta que huyeron volando y se les unieron sus progenitores. Pasé algún tiempo intentando dilucidar qué estaban comiendo, pero no descubrí nada reconocible. O las semillas de este lugar desnudo con grava fina eran demasiado pequeñas como para verlas o estaban interesadas en la grava arenosa y roja.

Colocadas sobre los cables del teléfono, con los penachos elevados a modo de estado de alarma, las carolinas que viven en las zonas de Australia Occidental donde se cultiva trigo son fácilmente reconocibles.

La adquisición de los ejemplares

Si entra en cualquier tienda de mascotas encontrará carolinas en venta. Generalmente se trata de ejemplares grises normales, y habrá unos pocos de las mutaciones más normales, como la lutino, la perlada y la arlequinada.

Para alguien que quiera unas pocas aves alegres y atractivas para tenerlas en una pajarera en el jardín trasero, su adquisición, de manos de un tratante o en una tienda de mascotas, probablemente será suficiente. No obstante, para aquellos interesados en la cría de mutaciones del color, es mejor adquirir las aves de manos de criadores privados, que vigilan muy de cerca los apareamientos entre sus ejemplares, mantienen unos registros precisos y pueden garantizar la genética de sus aves.

Para aquellos que quieran una mascota, o una pareja de mascotas (que es como preferiría verlas), los mejores ejemplares serán, sin duda, los polluelos criados manualmente. Éstos ya estarán acostumbrados a las personas y a su manejo. Los ejemplares más gregarios se distinguirán de inmediato, ya que suelen agarrarse a la alambrada pidiendo la atención de las personas mucho tiempo después de su destete.

Independientemente del objetivo que se tenga para las aves, hay algunas cosas básicas en las que fijarse en lo referente a la salud y al bienestar de los ejemplares que vaya a escoger. Una de las cualidades más encantadoras de la carolina es su ca-

Macho normal, hembra canela de rostro blanco y hembra lutino, canela, perlada y arlequinada.

rácter activo y alegre. Cuando no duerme, cosa que hace a lo largo de la parte central del día, debería moverse activamente de un lado a otro, acicalarse, alimentarse y explorar la zona en la que vive, lo que hace que, para un neófito, sea relativamente fácil escoger un ejemplar sano.

Si va a escoger aves en verano, vaya a primera hora de la mañana, antes de que haga calor. Durante esta parte del día las aves deberían estar activas y, así, un ejemplar que tenga aspecto de estar dormido y encontrarse mal será más fácil de distinguir. En condiciones muy calurosas, la mayoría de las carolinas descansarán sobre ambas patas y tendrán las alas extendidas, las plumas pegadas al cuerpo y el pico ligeramente abierto: desde luego que no es su postura más atractiva. La captura y el transporte de aves cuando hace calor es estresante y no es una buena idea.

En invierno es mejor ir a verlas a última hora del día, cuando inician su comida vespertina. En este momento del día deberían mostrarse activas y no sentir el frío, por lo que debería evitarse la adquisición de un ave que siga teniendo el plumaje hinchado y sestee mientras mantiene la postura apoyándose sobre las dos patas.

El ave que escoja debe tener un buen tamaño y un buen plumaje en relación con su edad.

Las carolinas crecen hasta, por lo menos, los doce meses de vida. Incluso los ejemplares jóvenes que han sufrido enfermedades o lesiones alcanzarán normalmente su tamaño normal en este periodo si se les suministra una buena dieta. Así pues, busque aves que tengan un tamaño razonable para su edad, y fíjese mucho más en su conformación, que cambiará en menor grado a medida que el ave madure.

Las aves jóvenes pueden parecer realmente pequeñas y desaliñadas cuando sufren su muda juvenil entre los cuatro y los seis meses de vida. Si sabe que el ave que quiere adquirir tiene esta edad, podrá excusar su aspecto, pero no obstante, lo mejor es escoger sólo aquellos ejemplares que tengan un buen plumaje.

Macho y hembra normales.

Las carolinas adultas mudan en enero o febrero (hemisferio sur), aunque una climatología anómala puede dar lugar a mudas más tempranas o tardías. Escoger, en esta época, un ave con un plumaje perfecto puede resultar difícil.

Unas zonas extensas sin plumas (calvas) en esta época del año suelen ser resultado de un acicalado excesivo por parte de otras aves, especialmente cuando son tenidas en grandes cantidades y con pocas cosas que las mantengan ocupadas. Esto, a pesar de tener un aspecto poco estético, es inocuo, aunque el ave que arranque plumas frecuentemente será un progenitor que también las arranque. Por otro lado, deberían evitarse los ejemplares con cualquier signo de automutilación o de una salida anormal del

Macho y hembra normales.

esta misma enfermedad y, en general, de mala salud.

Debería observar detenidamente a los ejemplares para ver si sufren cojeras o anomalías en el pico y los dedos de las patas. Su cloaca y las plumas que la rodean deberían estar limpias, y cuando coja al ave que ha elegido, ésta debería tener una capa de musculatura y carne firmes a cada lado de la quilla. Una quilla afilada y pronunciada es signo de mala salud o de una infestación grave por parásitos internos.

Para aquellos interesados en exponer sus ejemplares en concursos, las sociedades nacionales dedicadas a esta ave pueden proporcionarle una copia del estándar nacional. Para aquellos que simplemente estén interesados en la cría de ejemplares de buena calidad, dicho estándar puede ser usado como guía. Con el tiempo, irá distinguiendo a las aves de buena calidad y sabrá, automáticamente, en qué fijarse.

El error más frecuente es criar en pos del color y las manchas poniendo un menor énfasis en una buena conformación.

Al adquirir ejemplares procedentes de criadores, pero sin verlos, ya que puede que residan a una gran distancia como para hacer una visita, tan sólo puede fiarse de la honestidad del criador cuando le hable de sus aves. Todos los ejemplares que salen de una jaula de transporte tienen un aspecto estresado y con el plumaje encrespado. A no ser que las aves estén en un obvio mal estado o no sean en absoluto lo que quería, la valoración final sobre sus nuevas adquisiciones debería aplazarse, como míni-

plumaje. Evite las aves a las que les falten plumas alrededor de los ojos, ya que esto puede ser síntoma de que se tratan de portadores de psitacosis, una enfermedad muy contagiosa entre las aves. Otros síntomas a evitar son la respiración dificultosa, las infecciones oculares y las secreciones nasales, ya que son síntomas de mo, unos pocos días (preferiblemente semanas) para permitir que las aves se asienten y vuelvan a acicalarse. Sin embargo, no debería aceptar, bajo ninguna circunstancia, aves que crea que ha recibido mediante una descripción engañosa.

Cualquier animal nuevo, independientemente de la especie a la que pertenezca, debería pasar una cuarentena de por lo menos cuatro semanas (preferiblemente seis) antes de ser alojado junto con sus otras aves. Durante este periodo, sus nuevos ejemplares deben ser sometidos a un tratamiento contra los parásitos internos y externos para evitar que los pudieran transmitir a las aves que ya tiene, y se les debería observar cuidadosamente por si muestran síntomas de enfermedad.

Alojamiento

Uno de los adjetivos usados con mayor frecuencia para describir a la carolina es «resistente». Este término suele traducirse en forma de malos alojamientos, creyendo que las carolinas son aves poco exigentes que mantendrán una buena salud y se reproducirán alegremente en cualquier cosa que se parezca a una caja de fruta con alambre situada en el jardín trasero o a una caja-nido en la esquina de un cuarto de estar.

Aunque es cierto que estas aves pequeñas y resistentes lograrán criar a sus polluelos bajo todo tipo de condiciones adversas, proporcionarles un alojamiento adecuado es la responsabilidad mínima de cualquier avicultor. Suministrarles un alojamiento ideal dará como resultado unas aves más felices y sanas que, a su vez, recompensarán a sus cuidadores con una mayor productividad.

Hay tres métodos principales para alojar a las carolinas: los aviarios convencionales o pajareras, los aviarios suspendidos o jaulones y las jaulas. Hay varias necesidades esenciales comunes a estos tres tipos de alojamiento:

➤ Protección contra las inclemencias climáticas, el calor y las corrientes excesivas.
➤ Protección contra las alimañas y los depredadores.
➤ Acceso a la luz del sol para la obtención de vitamina D_3.
➤ Áreas de seguridad a prueba de huidas.
➤ Fácil acceso al alimento fresco y al agua.

➤ Una zona adecuada para hacer ejercicio.
➤ Privacidad.

Aviarios convencionales o pajareras

Tanto si se trata de un único aviario que aloja a varias especies, o un grupo de aviarios de cría, el aviario puede consistir en la forma más normal de alojar a las carolinas.

Las aves que no están emparejadas y preparadas para que críen suelen ser alojadas en grupos del mismo sexo en aviarios

Aviarios suspendidos con el toldo retirado.

grandes y con amplias áreas para volar, para potenciar que los animales hagan ejercicio. Los aviarios deberían tener una anchura mínima de 1,2-1,5 metros, una altura como para que podamos caminar cómodamente en su interior y una longitud de 2,4 metros (y preferiblemente más largos, ya que las carolinas pasarán a trepar de un lado a otro del aviario si la zona para volar es demasiado corta). La falta de ejercicio suficiente hará que las aves acaben con sobrepeso, lo que dará lugar a problemas reproductivos. No obstante, los aviarios demasiado largos pueden provocar graves percances en el caso de las aves jóvenes, que alcanzarán una alta velocidad sin un suficiente control del vuelo en la época en la que abandonan el nido.

Vista posterior de una hilera de aviarios suspendidos que muestran una «terraza» con comedero.

Preferimos las zonas para volar totalmente cubiertas, para así proteger a las aves de los depredadores tales como los búhos y los gatos. Además, esto evita que las heces de las aves silvestres entren en estas áreas. Una luz suave que dejemos encendida de noche eliminará prácticamente cualquier muerte, lesión, o el abandono de polluelos, debidos a sustos nocturnos provocados por depredadores y alimañas.

Se recomienda encarecidamente el uso de un pasillo de seguridad para evitar las huidas y para conseguir una protección extra contra los depredadores. Además, si es lo suficientemente ancho le permitirá entrar con una carretilla para hacer la limpieza. Las carolinas son conocidas por huir volando del aviario por encima del hombro de su cuidador. Son testimonio de ello los muchos anuncios de carolinas perdidas en la sección de «Objetos perdidos y encontrados» de los periódicos. Muchos criadores usan el pasillo de seguridad del aviario para que sus aves hagan ejercicio. Los animales suelen

Aviarios con la cubierta bajada para protegerlos de las inclemencias climáticas y los sustos nocturnos.

Aviarios suspendidos totalmente hechos de alambre (adecuados para las carolinas tenidas como mascotas).

sobre uno de tierra, y con una inclinación correcta del suelo del aviario, las heces y otros tipos de suciedad podrán ser eliminados frecuente y fácilmente con un manguerazo, reduciendo así las posibilidades de infestación por parásitos internos.

Los aviarios convencionales deben diseñarse de modo que se adapten a las condiciones climáticas en las que viven los avicultores y bajo las que manejan a sus ejemplares. En la mayoría de las regiones de Australia se recomienda, si es posible, que los aviarios estén encarados hacia el norte (en el caso del hemisferio norte que estén encarados hacia el sur), para así aprovechar al máximo la luz invernal de sol. Se debería proporcionar cobertura por lo menos en la tercera parte de cada lado del aviario. Esto aportará a las aves protección contra las condiciones climáticas. Las carolinas son bastante más susceptibles a las corrientes de aire que al clima muy frío. Es un ave del desierto, tolera el calor y el frío bastante bien. La zona protegida les proporciona algo de seguridad y privacidad. Las cajas-nido colgadas en la zona protegida suelen ser aceptadas con más facilidad que las colgadas en la zona expuesta.

También se recomienda un doble techo en el caso de aquellos que vivan en regiones muy calurosas, especialmente si quiere que las aves se reproduzcan. Esto reducirá la cantidad de radiación de calor en el interior de los aviarios, y las temperaturas serán más estables que con un rociador de agua colocado sobre el techo que se encienda y apague a intervalos regulares. Los rociadores suelen tener éxito, ya que las aves suelen preferir ducharse

volver al aviario en cuanto alguien se acerca, y podemos cerrar la puerta al salir.

A mucha gente le gusta el suelo de tierra, ya que las aves pueden picotear en busca de alimento, igual que hacen en estado salvaje. No obstante, por razones de salud, los suelos de hormigón son mucho más seguros e higiénicos. Los animales estarán mejor atendidos si se les proporciona un buen cascajo mineral que satisfaga las necesidades digestivas y, además, tendrá un valor nutritivo mucho mayor que el de la tierra normal de jardín. Las alimañas y los parásitos son mucho más fáciles de controlar sobre un suelo de hormigón que con las gotitas de agua que bañarse y chapotear en un recipiente lleno de agua. Si los rociadores se combinan con una ligera brisa, el efecto refrescante se multiplica e, incluso en condiciones estivales extremas, el enfriamiento debido al viento puede afectar a las carolinas jóvenes que todavía no disponen de la protección impermeable que les proporciona el plumón pulverulento.

Se puede disponer de una especie de balcones o terrazas para la alimentación unidos a los aviarios convencionales en la zona del pasillo, lo que proporcionará un fácil acceso a los recipientes de la comida y el agua. Estos balcones permiten satisfacer las necesidades de sus aves sin necesidad de entrar en el aviario, excepto en lo referente a la limpieza y al examen de los nidos. Creo que en el caso de la cría de aves que no están domesticadas, éstas se

Invernadero interior que muestra alerones y nidos metálicos.

asientan mejor en su entorno si se las deja tranquilas.

Aviarios suspendidos o jaulones

Los aviarios suspendidos son los que nosotros utilizamos preferentemente, ya que resultan muy adecuados para la cría de las carolinas. Una de las mayores críticas a los jaulones o los aviarios suspendidos es que son demasiado pequeños, lo que provoca problemas en las plumas y aves con sobrepeso. La solución más sencilla ante esta crítica es hacer que midan lo mismo que los aviarios convencionales.

Los aviarios suspendidos que tengo en Australia Occidental tienen 2 metros de longitud, y una tercera parte está cubierta por la parte superior y la lateral. Esto ayuda a crear un entorno libre de corrientes de aire para las aves. Las cajas-nido están situadas en la parte exterior del aviario suspendido, en la esquina superior izquierda. La mayoría de las parejas acepta fácilmente las cajas-nido situadas en este punto, y la ranura de inspección localizada en la parte posterior o la lateral hace que el examen de los huevos y los polluelos sea sencillo. Los aviarios de cría suspendidos que tengo en Tasmania están situados en un cobertizo y no hay unas coberturas individuales para cada aviario. Las cajas-nido están situadas en una posición similar y son aceptadas fácilmente.

Otra ventaja de los aviarios suspendidos es que los pájaros se sienten seguros y se asientan muy bien. Su entorno no se ve invadido constantemente por seres extraños y grandes, que suelen venir armados con un rastrillo o una escoba. Lo peor que entra en nuestros aviarios es, de vez en cuando, una red. Incluso los ejemplares nerviosos están de pie sobre sus perchas, en la parte frontal del aviario, mientras estoy cerca de él, por lo que la observación detenida de las aves es sencilla. Los aviarios suspendidos pueden ser más estrechos que los convencionales sin que ello suponga una desventaja en cuanto al espacio disponible para volar. Las carolinas pueden reproducirse viviendo en colonias, pero para obtener unos resultados reproductivos precisos y controlados es esencial alojar a una pareja por aviario. Mis aviarios suspendidos para la cría miden 2.000 mm de longitud, 900 mm de anchura y 1.200 mm de altura. Esto permite tener un mayor número de aviarios en una menor superficie.

Los aviarios suspendidos pueden construirse en forma de unidades múltiples divididas, pero esto hace que la limpieza del interior sea un poco más complicada. Prefiero que las jaulas sean construidas en forma de unidades individuales para que puedan ser movidas o desplazadas para su limpieza. El armazón de mis aviarios es de tubo cuadrado galvanizado de 20 mm con una puerta grande en un extremo. Esto me permite entrar en el aviario, cuando está asentado sobre el suelo, para reemplazar las perchas y frotar el alambre para limpiarlo cuando es necesario. Los suspendidos individuales también tienen la ventaja de actuar a modo de doble alambrada, que no tiene un coste mayor que el de construir una hilera de aviarios convencionales, debido al ahorro de alambre conseguido al no construir hasta el suelo.

Los aviarios suspendidos son mucho más fáciles de proteger de los ratones y las ratas, y es más fácil colocar unos cebos en un complejo de aviarios sin riesgos para las aves. No obstante, es mejor situar los aviarios suspendidos por lo menos parcialmente dentro de otra estructura. Esto se lleva a cabo para proteger los nidos y los comederos de las condiciones climáticas, proporcionar protección contra los depredadores y, una vez más, para disponer de una zona segura en la que manejar a los animales. Si su estructura es segura, existe la ventaja añadida de poder sacar a las aves dóciles a esa área para que hagan más ejercicio y por el placer que proporciona el manejo de sus aves mansas.

Adapto unos balcones para que las aves se alimenten en la puerta de mis aviarios suspendidos, a la altura de la cadera, y las cajas-nido reposan encima de éstos.

La higiene es una de las mayores ventajas de los aviarios suspendidos, ya que la mayoría de las heces, vainas de las semillas y trocitos de verduras caen a través del alambre. Si eliminamos a diario los trozos de mayor tamaño del alimento no consumido y se da un manguerazo semanal a los aviarios, habrá pocos riesgos de infecciones bacterianas o fúngicas debidos a una mala higiene. Romperemos el ciclo debilitante de las infestaciones por parásitos internos debido a que las heces caen a través de la alambrada de la parte inferior del aviario.

Alimentación

Aunque nunca podremos reemplazar las semillas como parte fundamental de la dieta de la mayoría de las especies de psitácidas, deberíamos considerarlas como el «arroz y patatas» de la dieta de sus aves, ya que proporcionan la mayor parte del almidón y los carbohidratos que necesitan sus pájaros. Incluso aportando una amplia variedad de verduras, brotes tiernos, hortalizas y frutas, muchas de las necesidades adicionales de vitaminas y minerales deben proporcionarse en forma de suplementos dietéticos.

Semillas

Recomendamos y usamos una mezcla de semillas pequeñas de gran calidad como las que se venden para los criadores de periquitos, y no tanto una mezcla para loros pequeños, tal y como se usa en el caso de las carolinas tenidas como mascotas. La mezcla de calidad para periquitos contiene alpiste, varios tipos de mijo y una proporción de avena sin cáscara. Hay muchas semillas de mayor tamaño en algunas mezclas para loros pequeños que no resultan adecuadas para las carolinas, lo que da como resultado mucho desperdicio de alimento. La mayoría de las carolinas prefieren comer el alpiste y el mijo, de menor tamaño. Se puede añadir aproximadamente un 10% de pipas de girasol grises a una mezcla de calidad para periquitos.

Como criadoras, preferimos mezclar nuestras propias semillas, para que así la mezcla sea constante a lo largo de todo el año. Nuestra receta consiste en un 25% de alpiste, un 25% de mijo japonés, un 25% de mijo blanco y un 25% de avena sin cascarilla. Usamos la misma mezcla en Tasmania y en Australia Occidental. En Tasmania añadimos unas pocas pipas de girasol durante el invierno y para las parejas reproductoras. Esta mezcla básica de semillas secas se coloca siempre en tolvas. Es importante intentar obtener unas semillas limpias y de buena calidad de una fuente fiable. Si tiene dudas, puede comprobar la calidad y frescura de las semillas dejándolas en remojo y haciéndolas germinar. Si las semillas siguen siendo viables, el 95% debería germinar en el transcurso de unos

«Terraza» con comedero con un nido exterior.

Superior: Comederos a los que se puede dar la vuelta instalados en una «terraza» para alimentarse.
Inferior: «Terraza» de alimentación.

mento para la cría de polluelos, ya que es nutritivo, voluminoso y de fácil digestión. Usamos una mezcla de una parte de pipas de girasol grises, una parte de trigo integral y una parte de avena integral (avena para caballos) y media parte de milo (una variedad de sorgo).

En Tasmania, las pipas de girasol, el trigo y el milo germinan al mismo tiempo, pero a la avena integral le lleva más tiempo y se la debe hacer germinar por separado.

El milo es el tipo de semilla pequeña, redondeada y anaranjada que nunca he visto consumir a ningún tipo de ave cuando aparece en una mezcla de semillas. Es una semilla barata, pero según mis tablas de semillas, tiene un valor nutritivo similar al del alpiste y el mijo. He aportado milo germinado a mis aves durante hace ya más de un año, y sólo el aviario de los machos deja semillas naranjas en el plato. En el de las hembras y el de las aves jóvenes, el milo germinado se consume en la misma proporción que el trigo o las pipas de girasol germinados.

Otras semillas adecuadas para la germinación son el altramuz, que es extremadamente rico en proteínas, el frojol mungo y el guandul. Los platos de semillas germinadas son rociados con un producto multivitamínico antes de ofrecerlas y todas las semillas no consumidas son eliminadas al final del día. Las semillas se sirven a diario a los progenitores en platos limpios por la mañana tan temprano como sea posible.

La germinación debe realizarse con cuidado, o el crecimiento bacteriano y fúngico en la mezcla pueden resultar fata-

pocos días. Las semillas que no germinen no tendrán valor nutritivo.

Además de las semillas secas, las germinadas se ofrecen en días alternos a todas las aves, y cada día en el caso de aquellas a las que se ha puesto a criar. En el caso de las aves con polluelos en el nido, se proporcionan semillas germinadas en cantidad prácticamente ilimitada. Creemos que es, con mucho, el mejor ali-

Minerales: hueso de jibia y bloques minerales de calcio y de yodo en forma de campana. Minerales, mezcla de arenillas y cascajo de conchas.

les para sus aves. Recomiendo encarecidamente el uso de un agente antibacteriano y antifúngico a lo largo del proceso de germinación.

Yo sigo el siguiente procedimiento:

1. Coloque la mezcla de semillas en un colador de plástico y enjuáguela hasta que el agua corra limpia.

2. Eche las semillas enjuagadas en un vaso o un cuenco de acero inoxidable y recúbralas con una solución que contenga un producto antibacteriano. Yo uso un producto que contiene clorhexidina.

3. Después de pasar entre doce y veinticuatro horas, vuelva a echar las semillas en el colador y vuelva a enjuagarlas. Yo las enjuago colocando el colador en un cuenco de mayor tamaño, y echo agua corriente para que eleve y separe las semillas hasta que el agua corra limpia.

4. Sumerja el colador durante 10 minutos en una solución que contenga el producto antibacteriano, y luego retírelo y enjuáguelo.

5. Repita el proceso de enjuague, seguido del paso 4, a diario, hasta que las semillas germinadas estén listas para ser ofrecidas como alimento. Esto variará según el momento del año debido a los cambios de temperatura. Si usa un producto antibacteriano que contenga clorhexidina, puede ofrecer las semillas germinadas después del baño final en la solución. Si usa otros tipos de agentes antibacterianos, como la lejía, quizás deba enjuagar las semillas antes de ofrecerlas a las aves. Puede parecerle que uso muchos litros de clorhexidina a diario, pero no es así. Siempre empiezo enjuagando las semillas que están listas para ser ofrecidas en primer lugar, conservando la solución antibacteriana para poder sumergir los siguientes lotes de semillas.

Vegetales

Cuantas más frutas y hortalizas pueda hacer que sus aves reproductoras o tenidas como mascotas consuman, mejor será para su salud. Una queja frecuente es que los animales no consumirán todo lo que se les ofrezca. Acostumbrar a sus ejemplares a comer una saludable variedad de alimentos es un proceso continuo, pero la insistencia acabará dando, a largo plazo, sus frutos; ya que las aves que comen bien suelen alimentar bien a sus polluelos. Las aves jóvenes a las que sus progenitores han alimentado con una dieta variada consumirán, automáticamente, una amplia variedad de alimentos.

La forma más rápida de acostumbrar a sus aves a que consuman alimentos nuevos es alojar a ejemplares que no están acostumbrados a consumir una dieta variada con animales que coman todo lo que les ofrezca. Si sólo es propietario de una o dos carolinas tenidas como mascotas, introduzca únicamente un nuevo tipo de alimento cada vez, colocando un trozo fresco en la jaula cada día. Al final, las aves se acostumbrarán a que esté presente en su zona personal y lo picotearán. Al hacerlo, descubrirán que se trata de algo comestible. También sirve de ayuda fijar el trozo de hortaliza con un clip al hueso de jibia.

Un trozo de mazorca de maíz es algo especialmente apreciado por los progenitores que están criando y alimentando a sus polluelos, y es rica en vitamina A, que es una vitamina de la que carecen las dietas consistentes en semillas. El apio, el perejil, la calabaza, las zanahorias, las judías y las manzanas resultan adecuadas. Yo ofrezco acelgas a diario, junto con una selección de las verduras disponibles en cada temporada. Blanqueo las acelgas en agua hirviendo durante 10 segundos, para así destruir el ácido oxálico que contienen y eliminar cualquier pesticida. Lo hago porque el ácido oxálico evita, en parte, la absorción del calcio. Me encuentro con que los progenitores alimentan de inmediato a los polluelos recién nacidos con la acelga. Es, obviamente, muy nutritiva y de fácil digestión. Todas las hortalizas no consumidas deben ser retiradas al final del día para evitar que las aves coman aquellas que han empezado a enmohecerse.

Alimentos autóctonos

El eucalipto, con o sin yemas y flores, los zarzos, las casuarinas, el callistemon, las melaleucas, el escobonal (un árbol del que se obtiene forraje para el vacuno) son apreciados y recomendables para las carolinas. Pueden obtenerse algunos beneficios en cuanto al lustre de las plumas al ofrecer eucalipto, debido a los aceites contenidos en sus hojas. Los beneficios más obvios de la alimentación con estas plantas autóctonas es la reducción del estrés. Las ramas satisfarán la necesidad de picotear de las carolinas durante horas, lo que dará lugar a la reducción de problemas del comportamiento, como un acicalado excesivo, tanto de ellas mismas como de otros habitantes del aviario. Esto es de especial importancia en el caso de las carolinas tenidas como mascotas que tienen pocas cosas con las que mantenerse ocupadas, debido a que están alojadas en una jaula.

Suplementos en forma de plantas autóctonas. Eucalipto, acacia, escobonal, avena silvestre y hierba de veldt (Ehrharta calycina).

22

Plantas que empiezan a producir semillas

Las partes superiores de las plantas y con semillas son especialmente apreciadas por todas mis aves, sobre todo por los padres que están alimentando a sus polluelos. La avena salvaje, la hierba de veldt y la avena forrajera son consumidas ávidamente, incluso por aquellas aves no acostumbradas a una dieta variada. Si no dispone de ellas en la región donde vive, puede sembrar algunas macetas con las semillas con las que esté alimentando a sus aves. Cuando este cultivo llegue al punto en que la parte superior con las semillas esté a punto de abrirse y dejar caer la simiente, será el momento de cortar las briznas y aportarlas a sus ejemplares. Irán directos a las zonas superiores y que contienen las semillas con obvio placer. La alfalfa es una hortaliza perenne, muy nutritiva y su cultivo es fácil.

Pan

Aportamos pan de múltiples cereales a diario. En un aviario en el que haya diez pájaros aportamos una rebanada. Los progenitores que están alimentando a cuatro o cinco polluelos en el nido reciben una rebanada a primera hora de la mañana, y otra rebanada por la tarde. No les proporcione una cantidad ilimitada, ya que se sabe de algunos progenitores que han criado a sus polluelos exclusivamente con pan, dando así lugar a problemas nutricionales.

Vitaminas

Es imposible garantizar que sus aves estén consumiendo todo lo que les ofrece. Para compensar cualquier deficiencia en la dieta, uso un multivitamínico en polvo. Se dispone de varios específicamente formulados para pájaros. Se pueden disolver en el agua de bebida o espolvorearse sobre las hortalizas. Los multivitamínicos echados en el agua pueden promover el crecimiento bacteriano, e incluso aunque cambio el agua a diario, prefiero espolvorearlos sobre el alimento. Uso un salero grande para espolvorear el multivitamínico en polvo sobre las semillas germinadas. Un aporte excesivo del multivitamínico puede provocar problemas, así que debería seguir las indicaciones del fabricante. Uno de los principales beneficios del uso de un suplemento vitamínico es que cuando hay un gran número de polluelos en el nido, los de menor tamaño recibirán los nutrientes esenciales necesarios para un crecimiento normal, incluso aunque sólo reciban una pequeña cantidad de alimento.

Minerales y cascajo

Ésta es una de las partes de la alimentación más dejada de lado. Las aves necesitan cascajo soluble e insoluble en su dieta. El cascajo insoluble ayuda a la digestión moliendo las semillas en el buche, y es de especial importancia para las aves tenidas en jaulas o en aviarios suspendidos, sin acceso a suelos de arena ni tierra. El cascajo soluble es la principal fuente de minerales en la dieta de un ave, y es esencial para el bienestar y la cría exitosa de todos los pájaros.

Proporciono a mis aves una mezcla de cascajo de conchas molidas y dos tipos de cascajo mezclados: uno que contiene una grava rojiza y otro que contiene carbón vegetal. Vale la pena incluir en la dieta cualquier fuente de calcio que sea fácilmente consumida por las hembras durante la época de la puesta. Hay que utilizar suplementos minerales de buena calidad que podrá adquirir en los comercios especializados. Contiene calcio, biotina y yodo, y las hembras que están criando lo consumen ávidamente. Desde que lo uso he obtenido unas tasas de fertilidad constantemente altas y he tenido una reducción en la incidencia del arrancado de plumas en el nido. La biotina suele ser usada para el tratamiento de problemas del plumaje, y quizás el arrancado y los problemas de plumas tengan algún tipo de relación.

Nuestras aves disponen de huesos de jibia, objetos y bloques minerales de calcio y yodo similares a los usados en el caso del vacuno. Estos objetos y bloques ayudan a mantener el pico y las uñas limados, además de proporcionar minerales. Los bloques de yodo colocados en el nido pueden ayudar a reducir el arrancado de plumas. No estoy segura sobre si esto sugiere que los padres que arrancan plumas están necesitados de yodo o si los bloques mantienen, sencillamente, a los padres ocupados mientras están en el nido, distrayéndoles así de arrancar las plumas a sus polluelos como forma de entretenimiento. Algunos veterinarios recomiendan añadir una cucharada de postre de sal yodada en un litro del agua de bebida, como ayuda para evitar el arrancado de plumas. La falta de sal o de yodo puede predisponer a algunas aves al arrancado de plumas.

Proteínas

Las carolinas suelen disfrutar con pequeñas cantidades de queso, frutos secos no salados machacados y huevo duro. A veces uso una mezcla de estos ingredientes para aportarles proteínas. Retire cualquier resto de esta mezcla que no haya sido consumido para evitar que se enrancie.

Agua

El agua sucia es una de las principales causas de enfermedad y muerte en las aves de aviario. Prefiero usar recipientes esmaltados o de acero inoxidable y sin poros. Proporciono agua fresca a diario y uso un producto antibacteriano para prevenir el crecimiento de bacterias. Retiro los recipientes una vez por semana y los sustituyo por recipientes limpios. Puede parecer sobreprotección, pero incluso tras las medidas diarias que aplico, los recipientes para el agua que retiro al final de la semana tienen un olor agrio. Aunque las aves adultas pueden tolerar un cierto nivel de bacterias, los polluelos jóvenes son más vulnerables.

Aunque hay muchos factores que influyen en la cría exitosa de cualquier especie, una cosa es común a todas ellas: la necesidad de un macho y una hembra. Esto puede parecer una cosa fácil de determinar al hablar de las carolinas, una especie que suele presentar dimorfismo sexual, pero siempre sorprende la cantidad de gente que comete errores. Parece que surge la confusión debido a que los factores de mutación alteran las características sexuales visuales aceptadas tanto en el patrón de coloración como en el del plumaje. Por ejemplo, las mutaciones canela y ante permiten que las hembras muestren una cantidad considerablemente mayor de color amarillo en el rostro que las hembras normales. No obstante, la cantidad de color amarillo no se aproxima a la que desarrolla un macho, y una hembra con esta mutación no posee el mismo borde, claramente definido, de la máscara facial, que sí posee el macho. Las hembras lutino y arlequinadas pueden poseer unas manchas en las mejillas tan grandes y de coloración viva como los machos que poseen la misma mutación.

La norma general dicta que los machos sexualmente maduros de la coloración gris normal y los que poseen cualquier mutación que implica sólo un cambio de color, sin un cambio en el patrón de coloración del plumaje, poseen una máscara amarilla bien definida, unas plumas de la cola de un único color, y no

tienen manchas juveniles bajo las alas cuando han alcanzado la madurez.

Las hembras maduras tienen tonalidades de amarillo de intensidad variable alrededor de los ojos y el pico, y las plumas de la parte inferior de la cola son amarillas y con un barrado de su color corporal. Las manchas de sus mejillas también se ven apagadas por su color corporal, haciendo que tengan un aspecto menos vivo. También conservan las manchas de debajo de las alas, aunque, en ocasiones, algunos ejemplares se libran de ellas.

Los ejemplares jóvenes parecen hembras maduras, ya que tienen una cera de tonalidad rosada, y una cola y un penacho de menor tamaño. Inician una muda juvenil alrededor de los cuatro meses de vida que dura unos dos meses, momento a partir del cual los machos empiezan a desarrollar la coloración amarilla en el rostro. A veces perderán parte de las plumas de la cola, que serán sustituidas por plumas de un solo color en el caso de los machos. A las hembras les saldrán unas nuevas plumas de la cola barradas.

Algunas estirpes maduran más lentamente que otras, y puede que los cambios en las plumas del rostro no sean aparentes a los cuatro meses. Si sucede esto, puedo arrancar una pluma barrada de la cola para acelerar un poco el proceso. No obstante, si se arranca la pluma de la cola antes de los cuatro meses de vida, puede que sea reemplazada por otra plu-

Secuencia del cortejo por parte del macho. Pareja platino perlada.

ma juvenil, dándonos así una falsa impresión del sexo del ave.

El comportamiento es también uno de los métodos para el sexaje de las aves. De hecho, en el caso de las aves arlequinadas y las lutino puede que sea la única, y quizás la mejor, indicación para arreglárselas. Los machos sanos y activos empezarán a cantar y como a reírse a una edad tan temprana como las ocho semanas. Se podrá ver a los machos elevando los hombros mientras estiran las alas y cruzan sus extremos. Al hacer eso, frecuentemente parecen estar llevando a cabo pequeños movimientos de pies de un lado a otro, lo que combinan con un canto repetitivo. Algunos machos elevan y hacen descender el cuerpo en un movimiento de reverencia a las hembras mientras elevan los hombros. Otros siguen incansablemente a la hembra que han escogido por todo el aviario, dando saltitos durante todo el rato. La hembra suele mostrarse indiferente a las atenciones del macho, a no ser que quiera aparearse, y si es así, se agacha, eleva la cola y gorjea.

A veces, las hembras pueden cantar tan bien como los machos jóvenes y, además, he visto a hembras aparearse con otras hembras, lo que complica la determinación del sexo. Nunca he oído que nadie haya descrito la elevación de los hombros en el caso de una hembra, por lo que si la coloración de una hembra no revela su sexo, considero que esta actividad es el segundo rasgo más preciso para identificar a los machos.

Un problema que surge al intentar determinar el sexo de las aves arlequinadas es que sólo podrá asumir que un ave es hembra si no la ha visto comportarse como un macho. Siempre existe la posibilidad de equivocarse si el ejemplar es un macho que tarda en madurar, o si no puede observar al ave durante todo el día para detectar signos de comportamiento masculino.

Es de esperar que las hembras lutino muestren unos puntitos amarillos, sobre un fondo blanco cremoso, debajo de las alas, pero no creo que éste sea un método preciso para el sexaje de las aves lutino, ya

Comportamiento de cortejo. La hembra invita al macho a aparearse.

Apareamiento.

que depende de que los ejemplares dispongan del suficiente contraste entre el blanco y el amarillo para que estos puntitos sean visibles. Si el ave es además perlada o arlequinada, el patrón punteado normal de las alas puede verse interrumpido y esta teoría para la determinación del sexo no tendría aplicación.

Los machos lutino desarrollan una capa de origen hormonal al alcanzar la madurez que se muestra en forma de un color marrón muy pálido o una tonalidad malva sobre las alas que no penetra en el barrado blanco de las alas. Las hembras nunca desarrollan esta coloración.

Hay muchas otras teorías basadas en los huesos pélvicos y en las manchas de las mejillas, y todas ellas tienen una precisión de por lo menos el 50%. Muchos criadores pueden, en la actualidad, tener acceso al sexaje quirúrgico, pero es una práctica que no hemos encontrado necesaria para nuestras carolinas. Nuestros ejemplares rara vez salen de los aviarios hasta haber completado la muda juvenil, ya que así están mejor preparados para soportar el estrés del transporte.

Además, el sexaje quirúrgico en aves muy jóvenes es estresante y puede no ser preciso, por lo que para cuando el animal tenga la edad suficiente como para que el procedimiento sea seguro y preciso, uno podrá determinar el sexo del ave con un poco de observación paciente.

Compatibilidad

Las carolinas se aparearán en cualquier momento del año si tienen ocasión. El hecho de que lo hagan no significa que debieran, ni que los polluelos sean de la misma calidad durante todo el año. Como hemos de producir ejemplares de calidad y queremos proteger a nuestras aves reproductoras, tomamos decisiones sobre cuándo se les debería permitir aparearse. El inicio de la primavera suele desencadenar el deseo de reproducirse, y éste suele ser el periodo más seguro para los progenitores y los polluelos.

Cuando se permite que las carolinas escojan a su pareja, éstas establecerán un fuerte vínculo y no hará falta animarlas para que se apareen. Aunque esto pueda parecer ideal, es raro que la elección de una pareja idónea por usted se corresponda con la de las aves. Con bastante frecuencia se emparejan con un hermano/a.

Frecuentemente practicamos una cría en línea, para así desarrollar las características que deseamos y para obtener aves de buena calidad, pero rara vez practicamos la endogamia. Consideramos que los cruces entre hermano y hermana, madre e hijo y padre e hija son endogámicos. En muchos casos, este tipo de apareamientos resultan en la pérdida de fertilidad, del deseo de aparearse, un aumento en la incidencia de calvas, independientemente de la mutación de color, la reducción de tamaño y la obtención de ejemplares menos resistentes. El tremendo resultado de la cría incontrolada son las PÉRDIDAS.

Por tanto, escogemos las parejas ideales para nuestras aves sobre el papel, determinando los mejores apareamientos genéticos y teniendo también en cuenta las características individuales de los ejemplares, como el tamaño, la conformación, el temperamento, la viveza del color, etc. Tras determinar las parejas, dejamos que pasen el invierno (que es cuando el ansia por reproducirse es menor) juntas, éste es el momento ideal para preparar a las aves para la siguiente estación reproductiva. Además, las parejas que no sean compatibles de inmediato crearán, con frecuencia, un vínculo para cuando dicha estación se aproxime, y dispondremos de tiempo suficiente para escoger una pareja alternativa para cualquiera de ellas que sea claramente incompatible. Aunque esta última situación es rara, sucede.

Aunque las carolinas pueden aparearse en invierno, pueden existir varias desventajas si esto sucede. Las hembras, especialmente las jóvenes, tienen una mayor tendencia a sufrir la retención de huevos cuando el clima es frío. Cualquier espanto nocturno provocará la pérdida total de los huevos y los polluelos en un periodo relativamente corto, y la menor duración del día hará que los progenitores dispongan de menos tiempo para alimentar a sus crías. El resultado serán polluelos que, generalmente, tendrán un menor tamaño, que abandonarán el nido más tarde de lo normal, un mayor porcentaje de pérdidas de los polluelos más jóvenes y una mayor incidencia de problemas nutricionales, como la deficiencia de calcio.

Nidos y apareamiento

Las parejas compatibles reciben una caja-nido a principios de agosto (recordemos que estamos hablando del hemisferio sur). Como todavía es invierno, si las hembras empiezan a poner, se las debería observar detenidamente por si aparecen síntomas de la retención de huevos. Los beneficios de esta distribución en el tiempo es que los polluelos empiezan a eclosionar en primavera, cuando las condiciones climáticas van siendo más suaves y las horas de luz diurna aumentan a medida que se incrementan las necesidades nutritivas de las crías. Además, se puede obtener una segunda nidada antes de la canícula estival, lo que evitaría las pérdidas en el nido debidas al calor excesivo.

En Australia Occidental solemos retirar los nidos después de esta segunda nidada, y si deseamos obtener una tercera, los nidos pueden volver a colocarse cuando el clima empiece a refrescar. En Tasmania, el calor estival rara vez ha provocado un problema estresante. Del mismo modo, el frío invernal no suele ser lo suficientemente extremado como para provocar problemas reproductivos en las parejas maduras y experimentadas en excelentes condiciones y que tienen la firme intención de reproducirse. Las crías obtenidas en invierno abandonan el nido a una edad tan temprana y con un tamaño tan grande como las obtenidas en otras estaciones.

El uso de la iluminación artificial para prolongar el día (16 horas de luz diarias) y el uso de fluorescentes de 18 vatios durante la noche puede eliminar muchas de las desventajas de la cría invernal. Nuestros aviarios de Tasmania son más cerrados que los de Australia Occidental, pero no usamos calefacción artificial. La corta duración del día durante el invierno supone la adaptación más importante por el hecho de vivir tan al sur. La iluminación artificial permite que las aves coman más y hagan más ejercicio durante el invierno. Sus aviarios disponen de paneles de policarbonato en la parte superior, lo que permite que entre la luz del sol. En Hobart siempre hay algo de sol a lo largo de la mayoría de los días del año. Son raros los días completamente cubiertos. Se dan variaciones de estas prácticas de manejo en toda Australia, debido a los cambios extremos de la climatología de norte a sur del continente.

Para nuestras carolinas preferimos usar cajas-nido de un tamaño mayor al recomendado. Esto se debe, principalmente, al hecho de que muchas de nuestras nidadas suelen estar formadas por bastantes polluelos. Cinco o más polluelos grandes en un mismo nido pueden generar bastante calor, especialmente cuando les están saliendo las plumas, y las mayores dimensiones de estos nidos proporcionan suficiente espacio a los polluelos para que puedan apartarse y que corra un poco de aire entre ellos.

Nuestras cajas-nido cuelgan verticalmente y miden 450 mm de altura y tienen una sección cuadrada de 250 mm por lado. Disponen de un agujero de entrada cerca de la parte superior y una percha de madera dura para posarse justo debajo. Tienen dos o tres peldaños en el interior para ayudar a los progenitores a entrar y salir, sin tener que saltar encima de los huevos. Esto también ayuda a los polluelos a subir y bajar antes de salir al mundo exterior. Dejamos de usar escalerillas de alambre después de que algunos polluelos sufrieran heridas.

Las cajas-nido pueden fabricarse con cualquier tipo de madera no tratada. Se suele usar cartón-madera, madera multilaminar y madera de bricolaje. Esta última tiene algunas ventajas, ya que es totalmente lisa, es fácil de cortar y sus bordes se pueden pegar con pegamento. Los ácaros disponen de pocos lugares en los que esconderse en una caja-nido hecha de madera de bricolaje si las uniones son rellenadas con un pegamento para madera no tóxico.

Vale la pena llevar a cabo el esfuerzo de encontrar trozos de madera dura para la percha para que así las aves se posen y para los escalones que conducen al nido. Los progenitores que estén incubando y se sientan aburridos picotearán los peldaños de madera, dejando expuestos los clavos. Hace tiempo, un polluelo quedó empalado en uno de estos clavos expuestos.

Cuando las cajas-nido vayan a ser montadas en la parte externa de aviarios suspendidos, la abertura de inspec-

ción estará situada en la parte posterior, y cerca de la altura a la que se encuentren los polluelos. En el caso de las cajas-nido colgadas en la parte interior del aviario, la abertura de inspección deberá estar en la parte frontal o la lateral. Fabricamos nuestras cajas-nido con una tapa que puede abrirse ligeramente si hace mucho calor. Si usa este método, asegúrese de observar a los polluelos para comprobar que son alimentados. Hemos tenido algunos progenitores que rehúsan entrar al nido si la tapa o la abertura de inspección están abiertas o incluso entornadas.

Cubra la parte inferior del nido con una medida intermedia entre 50 y 70 mm de material para anidar firmemente comprimido. Diana usa aproximadamente dos terceras partes de serrín de madera dura y una tercera parte de virutas de pino. Peggy usa virutas de roble de Tasmania de tosquedad media y un buen puñado de virutas de pino de Huon, que es un insecticida natural. Las virutas pueden pasarse por un tamiz de 5 mm, para eliminar tanto polvo como sea posible, antes de guardarlas para que envejezcan. Sin importar lo que use, asegúrese de que el material no proceda de madera tratada con sustancias químicas. El principal criterio es que el material para anidar debería ser absorbente, aunque no demasiado fino y pulverulento, ya que esto podría atorar los orificios nasales y la boca de los polluelos.

Los materiales muy secos, como el musgo fino de turba, no resultan adecuados, ya que absorben una cantidad de humedad que frustra los intentos de las

Superior: Nido para carolinas.
Inferior: Nido para carolinas con ventanilla trasera para la inspección.

hembras para controlar la humedad de los huevos.

Todas nuestras carolinas se reproducen en nidos. Son más fáciles de limpiar y trasladar que los troncos, y no hemos experimentado dificultades para que las aves los aceptaran.

Como los nidos son prácticamente idénticos, nos encontramos con muy pocos problemas (por no decir ninguno) si se debe sustituir un nido durante la época reproductiva.

Una vez colocamos la caja-nido, las carolinas la exploran rápidamente. El macho suele ser el primero en entrar y si considera que la caja-nido es segura y adecuada, frecuentemente le oiremos cantando en el interior, en un esfuerzo por animar a la hembra para que entre. Parte del ritual de la aceptación, como pareja, de una caja-nido consiste en muchas discusiones, a base de gorjeos, sobre la remodelación, y la entrada suele ser adaptada, aunque las carolinas no suelen ser destructivas.

Si a las parejas no se les proporciona tiempo suficiente para que establezcan vínculos antes de proporcionarles una caja-nido, puede que la hembra entre por su cuenta y empiece a poner e incubar antes de aparearse con el macho. Si observa que el macho no hace turnos para incubar, se podría estar produciendo esto. Si hay mucha actividad en el nido y de apareamiento por parte de ambas aves, es de esperar que la puesta de huevos se produzca incluso al cabo de sólo una semana tras colocar la caja-nido. El escarbar y rascar considerablemente el material para anidar suele señalar el inicio de la puesta de huevos.

Puesta de huevos e incubación

Los huevos de carolina son blancos y de unos 25 mm de longitud. Suelen ponerse entre 5 y 7 huevos en días alternos; sin embargo, algunas hembras continuarán poniendo hasta que nazcan los polluelos. Intento acostumbrar a mis ejemplares a las inspecciones regulares del nido, y lo hago hablando suavemente a la pareja mientras rasco la abertura con delicadeza antes de abrirla. Las aves suelen marcharse, pero algunas se quedan en el nido, moviéndose de un lado a otro o balanceándose y bufando encima de los huevos. Lo ideal es que se tranquilicen y le dejen inspeccionar los huevos, pero los progenitores que se marchan asustados cuando introduce la mano en el nido pueden desparramar y picotear los huevos. Intento introducir mi mano de modo que el dorso apunte hacia las aves adultas y los huevos queden protegidos de cualquier daño si el ave se asusta y sale precipitadamente del nido. Tras unas pocas inspecciones regulares del nido, la mayoría de los ejemplares plenamente maduros las aceptarán tranquilamente.

Un beneficio de la inspección del nido durante la puesta es que le permite marcar los huevos a medida que son puestos y observarlos a través de una vela o luz para confirmar que son fértiles. Si una hembra pone demasiados huevos no podrá incubarlos todos bien. Etiquetando los huevos con un rotulador no tóxico señalando el orden en que fueron puestos, podrá ir retirando los últimos huevos a medida que

Hembra canela. Esta hembra estaba en la época de puesta cuando fue fotografiada (se puede apreciar por su región caudal ligeramente abultada).

vayan siendo puestos, siempre que haya observado los cinco o seis primeros huevos a través de una vela o luz y haya comprobado que son fértiles. Esto también le permitirá reconocer problemas potenciales en la puesta de los huevos. Si la hembra no pone los huevos cuando le toca o éstos presentan anomalías de cualquier tipo, observe cuidadosamente a la hembra por si muestra signos de no tener buena salud.

Huevos de carolina en el nido.

Ambos padres comparten las tareas de la incubación, que suelen empezar de forma seria a partir de la puesta del tercer huevo. No obstante, algunas parejas inician la incubación de inmediato, incubando generalmente la hembra de noche y haciendo el macho el turno diurno. Las hembras especialmente entusiastas llevan a cabo, a veces, ambos turnos, y las parejas muy dedicadas frecuentemente incubarán juntas. El macho no alimenta a la hembra, así que tanto la hembra como el macho saldrán de vez en cuando del nido para alimentarse.

Problemas con la incubación

La mayoría de las aves jóvenes pueden ser educadas para convertirse en buenos progenitores con un poco de previsión y esfuerzo, muchas pruebas y paciencia. Creemos que es mejor intentar educar a sus aves para que sean buenos progenitores que adiestrarlas para que pongan huevos que vayan a ser incubados artificialmente o acabar rindiéndose y deshaciéndose de ellas. Siempre espero de las parejas primerizas que tengan menos éxito que las de mayor edad y más experimentadas. A veces, las primeras nidadas son puestas, incubadas y alimentadas a la perfección, y los polluelos marchan del nido fantásticamente. Las aves que tienen alrededor de dos años en lugar de sólo uno, al intentar reproducirse, suelen tener mayor éxito con su primera nidada.

Desgraciadamente, en lo que concierne a la cría, las cosas no siempre van como la seda, y con mucha frecuencia nuestros intentos por rectificar una situación empeoran las cosas. He listado algunos problemas comunes con los que nos podemos encontrar durante la puesta y la incubación y algunas soluciones posibles.

Huevos infértiles o no fecundados

Cuando intenta hacer criar a una pareja joven por primera vez y ésta efectúa la puesta e incuba a la perfección pero sus huevos no son fértiles, sustitúyalos por unos pocos huevos fértiles de otra pareja. Si logran, juntos, hacer que los polluelos eclosionen y crezcan bien, su próxima nidada de huevos será, por lo general, fértil. Sus ciclos hormonales parecen asentarse y sincronizarse al siguiente intento. Si retira los huevos para estimular la puesta de otra nidada, quizás altere el instinto de las aves y provoque otros problemas relacionados con la incubación.

Los huevos infértiles pueden proceder de hembras con muy buena disposición que ponen los huevos antes de que se haya dado el establecimiento de vínculos y el apareamiento con el macho. Si sospecha que esto es lo que está pasando, retire los huevos y el nido durante varias semanas. Esto proporcionará a la pareja el tiempo suficiente para conocerse. Si el macho incuba, también puede intentar hacer que la pareja incube, hasta la eclosión, huevos fértiles, permitiéndoles así criar a una familia de adopción. Esto debería dar lugar a la actividad hormonal necesaria, y la siguiente puesta de huevos suele ser fértil.

La hembra no llega a incubar los huevos a término

Las hembras inexpertas abandonan a veces el nido antes de completar la incubación. Intente sustituir alguno de sus huevos por otros cuyo estado de desarrollo esté más avanzado y que comenzarán la eclosión mientras la hembra todavía esté incubando. El darse cuenta de que los polluelos acaban saliendo de los huevos generalmente desencadenará los normalmente fiables instintos maternales de la carolina.

Hembras que no logran incubar los huevos

Éste es un problema común en las hembras primerizas. Lo mejor es emparejarlas con un macho experimentado que incube durante su turno, independientemente de las actividades de la hembra. Estas hembras suelen poner huevos sin parar, ya que la falta del instinto de incuba-

ción, que suele hacer que concluya la puesta de huevos, ha dado como resultado que continúen los niveles de hormonas para la producción de huevos. Si estas hembras entran en el nido para poner huevos y para incubar intermitentemente con el macho, puede colocarse en el nido un huevo de otra pareja que esté eclosionando mientras el macho está incubando. Una vez más, el hecho de darse cuenta de que los polluelos están eclosionando suele solucionar la situación y puede que la hembra no muestre ya más problemas. Si el macho no ha incubado durante el turno nocturno, los huevos habrán muerto. Si son huevos de gran valor, coloco huevos no fecundados en el nido e incubo artificialmente los huevos originales, volviendo a colocar los huevos en el nido a medida que vayan eclosionando en la incubadora.

Machos que inspeccionan el nido, se aparean y fertilizan los huevos, pero no los incuban

Aplica el mismo consejo que en el caso de las hembras, aunque es algo más difícil de corregir, ya que el macho no tiene razones para entrar en el nido, excepto para vigilar a la hembra. No obstante, si deja que la hembra incube huevos infértiles e incuba artificialmente los fértiles, puede intentar colocar un huevo que esté eclosionando en el nido, bajo la hembra. Es difícil, en primer lugar porque muchos polluelos eclosionan al principio de la mañana, cuando el macho todavía tiene que sustituir a la hembra. Si la hembra abandona el nido al principio del día y el macho no la sustituye, el polluelo podría morir rápidamente debido al frío. Si quiere intentarlo, deberá despertarse al alba y estar listo para rescatar al polluelo si el macho no asume sus labores paternas.

He tenido dos machos que no incubaban hasta que oían a las hembras alimentando a los polluelos. A partir de ese momento se convierten en padres perfectos, cuidando a sus crías a lo largo del día e incubando y ayudando en la eclosión de los huevos restantes. Algunas hembras cuidarán de una nidada por su cuenta, aunque esto es muy difícil para ellas y no se debería dejar que cuiden de un gran número de polluelos.

Durante la estación reproductiva, suelen verse huevos infértiles puestos por hembras no emparejadas. Los recojo regularmente para disponer de un suministro de huevos frescos que usar en caso de emergencia como las descritas anteriormente. Los huevos viejos suelen secarse y perder peso, y su uso no resulta adecuado. Algunos vendedores especialistas de aves o de mascotas disponen de huevos de poliuretano muy reales que son perfectos para reemplazarlos por huevos reales. Estos huevos tienen un peso y un tamaño similar a los de las carolinas y conservan su temperatura de incubación, del mismo modo que los huevos de verdad.

Arrancado de plumas

El arrancado de plumas en el nido es uno de los problemas más frustrantes

Polluelos de carolina apartados para ser criados manualmente, debido al arrancado de plumas.

con los que se encuentran los criadores de carolinas. No podemos ofrecer soluciones fáciles. De lo que estamos seguras es que, en algunos casos, el arrancado de plumas es un hábito aprendido. La mayoría de las aves a las que les arrancaron las plumas siendo polluelos, también las arrancarán a su descendencia. Si coge a los polluelos para criarlos manualmente tan pronto como se haga evidente el arrancado de plumas, podrá reducir la probabilidad de que esto suceda en el futuro. No obstante, los progenitores que nunca sufrieron el arrancado de plumas, frecuentemente, y sin previo aviso, empezarán a arrancar las plumas a sus polluelos. Algunos hasta criarán varias nidadas antes de iniciarse en este hábito.

Hay varias posibles razones para el hábito, y es imposible hallar una solución. La anterior temporada, una de mis hembras empezó a arrancar las plumas de la cabeza de sus polluelos al tiempo que empezaba a poner e incubar otra nidada antes de que la nidada anterior hubiera abandonado el nido. Mientras incubaba esta nidada, el clima se tornó bastante caluroso, así que no mostró predisposición a poner otra nidada de huevos y, por tanto, los polluelos abandonaron el nido y fueron destetados sin que les arrancara ni una sola pluma.

Otros progenitores atacan a sus polluelos de forma bastante salvaje y sin avisar, arrancándoles muchas plumas e inflingiéndoles frecuentemente pequeñas heridas a lo largo de un único día. Estoy segura de que hacen esto en un esfuerzo porque los polluelos abandonen el nido. Una recomendación consiste en colocar otro nido para los polluelos mientras empiezan a abandonar el nido, y el macho se encargará de alimentarles. Esto no siempre tiene éxito, especialmente en el caso de las carolinas, ya que lo normal es que el macho esté en el nido, incubando durante el día. Proporcionar otro nido para la hembra implica que cambiará de nido, pero mis hembras parecen querer usar siempre el mismo.

Me he dado cuenta de que las aves hiperactivas tienen mayores probabilidades de arrancar plumas, especialmente las hembras que deben cuidar de sus po-

Polluelos de carolina en el nido. Estos polluelos eclosionaron en el transcurso de 60 horas, lo que indica que la incubación no empezó hasta que se puso el cuarto huevo.

lluelos largas horas durante la noche. Parece ser que los polluelos con las plumas de color claro suelen sufrir el arrancado de plumas con mayor frecuencia, debido sencillamente, a que sus plumas de sangre son más visibles en la oscuridad.

Puede haber multitud de otras causas de las que no somos conscientes. Por el momento, las únicas soluciones que creo que son efectivas en algún grado consisten en una buena dieta que incluya minerales y oligoelementos, la reducción del estrés relacionado con factores ambientales y el romper el ciclo mediante la cría manual.

La incubación dura entre dieciocho y veintiún días, dependiendo de cuándo empieza la pareja a incubar en serio y de la calidez del clima. Los progenitores suelen empezar a incubar en serio después de que la hembra ponga el tercer huevo, así que pueden eclosionar hasta tres polluelos en un mismo día. Sin embargo, si las temperaturas son muy cálidas, la incubación puede empezar casi de inmediato.

Tras la ruptura inicial del huevo en la mayoría de las nidadas libres de problemas, el polluelo sale del huevo en el transcurso de 48 horas. Si al polluelo le lleva más tiempo eclosionar, debería observar detenidamente si hay síntomas de que tenga dificultades. Si el clima es cálido y seco, es más probable encontrarse con problemas durante la eclosión, debido a que la membrana interna se seca. Las hembras van regularmente al plato del agua para así llevar humedad al nido, pero si el clima es muy seco, puede que no sea capaz de mantener el nivel necesario de humedad. Esta falta de humedad provocará que la membrana interna del huevo se seque, y el polluelo no podrá rotar libremente para completar la ruptura del huevo y salir. Si sospecha que los huevos en los que se ha iniciado la rotura del cascarón se están secando, puede humedecerlos por la mañana y por la noche con una bolita de algodón limpia y un poco de agua tibia que hayamos hervido y dejado enfriar.

Secuencia de la eclosión de un polluelo de carolina.

El proceso de la eclosión implica que el polluelo rompa la membrana para tener acceso a la cámara de aire, momento en el cual empezará a respirar. Esto recibe el nombre de «rotura interna», y a partir de aquí el polluelo empieza a cascar la cáscara, lo que permite que entre aire fresco en el huevo y la membrana empiece a secarse. El polluelo parece dedicarse a una zona durante un mínimo de 24-48 horas, mientras la vesícula vitelina restante es absorbida por el cuerpo. Se podrá oír cómo un polluelo fuerte y que progrese de forma normal golpeará por la parte interior del huevo y generalmente empezará a cascar la cáscara el segundo día.

Si la cría está eclosionando o naciendo de forma normal, empezará a romper la cáscara en forma de un patrón circular mientras rota en el interior de ésta tras la finalización de la absorción de la vesícula vitelina, atravesando la cáscara hasta que ésta acaba desprendiéndose. Este proceso de rotación no debería llevar más de diez minutos. Es desastroso abrir un huevo antes de que se haya completado la absorción de la vesícula vitelina. Si cree que el polluelo está progresando muy poco cuando se haya iniciado el proceso de rotación, es posible que esté enganchado a la membrana, y llegados a este punto, lo mejor será ayudar al polluelo que intenta eclosionar.

A los que les haya llevado mucho tiempo nacer o a los que se haya ayudado en su eclosión estarán normalmente deshidratados y débiles, y tendrán pocas probabilidades de sobrevivir si los dejamos con sus progenitores. Lo mejor será retirarlos y criarlos manualmente durante 24-48 horas, hasta que tengan la suficiente fuerza como para alimentarse correctamente con sus progenitores. Cuando puedan sostener la cabeza para pedir comida podremos devolverlos con total seguridad al nido. Tras la eclosión, deberíamos observar a todos los polluelos por la tarde y durante los siguientes días, para asegurarnos de que tengan la suficiente fuerza para sobrevivir. Sin importar lo buenos que sean los progenitores, podrán hacer muy poco por ayudar a un polluelo que no pueda mantener la cabeza erguida para alimentarse.

He oído a mucha gente decir que no se debería ayudar a los polluelos débiles para que sobrevivan, pero creo que si los polluelos simplemente están endebles debido a factores ambientales en el nido, es una desgracia dejar que mueran.

He ayudado con éxito a muchos con dificultades que han acabado convirtiéndose en ejemplares adultos excepcionales. Si un polluelo todavía tiene parte de la vesícula vitelina tras la eclosión, retírelo de inmediato para criarlo manualmente. No estire ni elimine la vesícula vitelina y trate suavemente la zona con un bastoncillo de algodón y una solución de Betadine (povidona yodada) varias veces al día. En muchos casos, si el polluelo es tenido sobre una superficie limpia y blanda, como unos pañuelos de papel, y se evitan las infecciones a toda costa, la vesícula vitelina acabará secándose y desprendiéndose.

Incubación artificial

Aunque creemos firmemente en la educación de las aves para que sean buenas progenitoras, nuestras incubadoras funcionan continuamente durante la época reproductiva. Durante la última temporada sólo un puñado de polluelos fueron incubados por sus progenitores; no obstante, y por diversidad de razones, muchos huevos pasaron por las incubadoras y unos cuantos de los polluelos nacidos durante la temporada pasada están vivos gracias a éstas. Cuando uno cría en pos de mutaciones suele disponer sólo de aves jóvenes e inexpertas, y la incubadora es de ayuda para solucionar los problemas que surgen durante la incubación natural. Los huevos no perecerán debido a la incubación irregular y, frecuentemente, podrán eclosionar al lado de sus progenitores, resolviendo así el problema de forma permanente. Se pueden tomar los huevos de las hembras que ponen huevos con la cáscara fina y que sufren daños con frecuencia y colocarlos en la incubadora hasta el momento de la eclosión, para luego devolvérselos, siempre que hayamos dejado a los progenitores huevos infértiles o artificiales para que continúen con su ciclo natural de incubación. Los polluelos que tienen dificultades para eclosionar pueden ser observados más atentamente en la incubadora y se les puede ayudar a que nazcan, en caso necesario. Estos polluelos pueden permanecer en la incubadora mientras son alimentados hasta que tengan la fuerza suficiente como para volver a dejarlos con sus progenitores.

Si la necesidad así lo dicta, criaré a los polluelos desde que todavía son un huevo, pero sólo cuando no se pueda hallar una alternativa. Supone una tarea larga y tediosa que puede ser gratificante pero también frustrante.

Uso dos incubadoras con ventilación forzada. Una contiene huevos que se desarrollan desde el primer día hasta el momento de la ruptura de la cáscara. Está fijada a 37,6 °C, siendo la lectura del termómetro húmedo de 27,75 °C. La incubadora dispone de un mecanismo automático de volteo que gira los huevos 180° cada media hora. Éstos no deberían ser volteados durante los tres últimos días de la incubación o tras la eclosión interna. Esto puede determinarse observando los huevos a través de una vela o una luz, aunque si no está seguro puede esperar hasta que aparezca el primer agujerito en la cáscara. Llegado este punto transfiero los huevos a una incubadora para la eclosión (eclosionadora): ésta tiene una humedad relativa mucho menor y una temperatura ligeramente inferior, y carece del sistema automático de volteo.

El termómetro húmedo debería marcar, por lo menos, 34,4 °C, y la temperatura debería ser de 36,9 °C. Esta información es muy básica y se centra en nuestros métodos personales. Cualquiera que desee incubar huevos de forma regular debería consultar textos más detallados sobre este procedimiento. Los huevos deberían ser marcados y fechados para poderlos identificar, y cuando los polluelos nazcan se les debería identificar claramente.

Las incubadoras pueden ser usadas para incrementar los nacimientos de ejemplares raros o valiosos. Sin embargo, la práctica de retirar huevos del nido de forma continua puede originar futuros problemas de cría para una pareja que, de otro modo, hubieran sido progenitores solventes. He hecho criar con éxito a aves eclosionadas en una incubadora y luego criadas manualmente, pero el no permitir nunca que las carolinas críen a sus polluelos puede dar como resultado generaciones de aves que carezcan de las habilidades para llevarlo a cabo. Por otro lado, rara vez tengo problemas con las aves que han nacido con incubación artificial y han sido cuidadas por progenitores muy buenos. Las aves parecen heredar las habilidades de sus progenitores.

Superior: Polluelo de carolina de rostro blanco a los 11 días de vida.
Centro: Polluelo de carolina canela de rostro blanco de alrededor de 3 semanas de vida.
Inferior: Polluelos de carolina de alrededor de 3 semanas de vida. Perla canela, canela de rostro blanco y canela perlada de rostro blanco.

El desarrollo de los polluelos

Los polluelos crecen rápidamente durante las tres primeras semanas, alcanzando frecuentemente las dos terceras partes de su peso corporal adulto para cuando tienen dos semanas. Los cañones de plumas empiezan a aparecer en un momento tan temprano como los siete días, y los polluelos ya deberían estar completamente emplumados a las cuatro semanas de vida. El desarrollo de las plumas parece estar gobernado por el ritmo de crecimiento del polluelo.

Frecuentemente, el polluelo más joven no precisará ser marcado ni mostrará signos de las plumas alfiler hasta las dos semanas de edad, llevándole una semana más que el polluelo de mayor edad alcanzar la misma fase. Estos polluelos deberían ser vigilados de cerca, ya que pueden darse anomalías del crecimiento y un retraso en el mismo en el caso de aquellos ejemplares que queden muy rezagados. La cría manual de estas aves puede ayudarles a sobrevivir, pero rara vez puede revertir los daños causados en la primera etapa si tardamos en tratarlos. Si reconocemos rápidamente a un polluelo de crecimiento lento antes de que se dé un retraso en su desarrollo, el uso de una buena dieta para la cría manual ayudará a que alcance a sus hermanos.

La cría manual puede a veces evitarse transfiriendo a los polluelos de un nido a otro. Esto sólo debería hacerse si se llevan registros precisos y si no hay dudas respecto a la identificación de los ejemplares. Por ejemplo, si a una pareja le nace un quinto o sexto polluelo, éstos suelen acabar teniendo dificultades al poco tiempo. Morirán o será necesario criarlos manualmente, ya que serán demasiado pequeños para competir por el alimento con los polluelos de mayor edad.

Si tiene a varias parejas criando al mismo tiempo, podrá, con frecuencia, colocar a los dos polluelos más jóvenes de una nidada de seis con los ejemplares más jóvenes de otra nidada, retirando dos de los polluelos de mayor edad. Estos polluelos más crecidos pueden ser dejados con los polluelos de mayor edad del primer nido. La idea consiste en que todos los polluelos jóvenes del nido tengan aproximadamente el mismo tamaño para que puedan competir de forma más eficaz por el alimento.

Los polluelos anillados pueden ser identificados fácilmente, pero los que no lo están deben ser marcados claramente para que no existan dudas sobre su origen. Puede marcar su dorso con un rotulador no tóxico con base acuosa, aunque deberemos examinarlos por la mañana y por la noche y volver a marcarlos siempre que sea necesario y hasta que tengan la edad suficiente como para ser anillados. Cualquier traslado de polluelos de un nido a otro debe realizarse gradualmente (uno de cada vez), para así asegurarse de que el polluelo ha sido aceptado y de que los padres no abandonan a las crías.

Los polluelos que parezcan estar quedando rezagados también pueden ser ayudados llenándoles el buche a primera hora de la mañana con una buena mezcla de alimento para la cría manual. Los polluelos pequeños son más débiles cuando su buche ha estado vacío durante algún tiempo y son, además, los últimos en ser alimentados, teniendo a veces que esperar varias horas para recibir una comida, mientras los progenitores alimentan antes a los polluelos de mayor edad. Esto les debilita todavía más, hasta que quizás estén demasiado débiles para pedir alimento. Proporcionarles alimento le dará el empujón que necesitan para competir por la comida y por lo menos les ayudará a aguantar hasta que sus padres se acerquen a ellos para alimentarles.

La alimentación de los polluelos en el nido puede ser una operación lenta y dificultosa. No están acostumbrados a una cuchara, así que el alimento deberá ser bastante líquido y tibio para que lo acepten. Como rara vez obtendrá una respuesta normal y propia del proceso de alimentación, deberá proporcionar cantidades pequeñas para evitar el riesgo de que el polluelo inspire la mezcla y se ahogue.

Nuestros ejemplares están acostumbrados a las inspecciones regulares del nido y, cuando hay polluelos en el nido, éstos son examinados por la mañana y la noche. Las heces se acumulan rápidamente en el nido y, en ocasiones, a un polluelo se le taponará el pico o la cloaca por culpa de las heces secas. Cualquiera de los dos casos puede ser mortal, así que se hace un rápido examen de la zona del pico y la cloaca a todos los polluelos para asegurarse de que ambos están limpios.

Un polluelo que tenga la cloaca taponada por las heces deberá ser vigilado de cerca para descartar síntomas de una posible diarrea, que es la que podría haber provocado el problema o ser resultado del problema. La cloaca taponada puede, rápidamente, provocar una peritonitis. Un polluelo que tenga el pico taponado con heces puede haberse quedado sin alimento durante muchas horas y quizás necesite un alimento líquido para ayudarle a recuperar la fuerza.

También se debería vigilar a los polluelos para ver si el desarrollo de sus patas es normal. Si proporciona a sus aves reproductoras una dieta buena y nutritiva, un suministro suficiente de calcio y de minerales y las cajas-nido disponen de material adecuado para hacer el nido, esto rara vez debería suponer un problema. No obstante, cualquier anomalía, como las patas abiertas o las lesiones que puedan producirse, necesitan una atención inmediata si queremos que se curen correctamente. Una solución que hemos oído que se recomienda en el caso de las patas abiertas es colocar una cinta en cada pata del polluelo y luego unir ambas cintas con un clip, manteniendo así ambas patas debajo del cuerpo del polluelo mientras seguimos permitiendo que crezca.

Al final del día, los polluelos deberían tener el buche lleno, pero el contenido no debería se demasiado seco ni húmedo al tacto. Cualquiera de estas situaciones podría ser indicativa de un problema potencial para el polluelo.

A medida que los polluelos se acercan a las cuatro semanas de vida, la cantidad de alimento que encontraremos en su buche por la tarde se irá reduciendo, ya que los polluelos adelgazan en preparación para abandonar el nido. Una vez lo hayan abandonado, deberán ser vigilados para asegurarse de que todavía están siendo alimentados y que no han sufrido lesiones en sus primeros esfuerzos y «golpetazos» en las lides del vuelo.

Las carolinas jóvenes generalmente serán independientes hacia las siete a ocho semanas de vida, pero no se las debería apartar de sus padres hasta que todo síntoma de pedir comida haya cesado. Los polluelos parecerán estar descascarillando semillas poco después de abandonar el nido, pero en muchos casos sólo están imitando a sus progenitores y, de hecho, no están consumiendo semilla alguna.

Cría a mano

La cría manual es algo a lo que todos los criadores de aves deberán enfrentarse en un momento u otro. Ya sea como resultado, o no, de la incubación artificial, el ayudar a los polluelos débiles, retirar a aquellos que crezcan lentamente o a los que les hayan arrancado las plumas, así como la simple impresión psicológica de las aves jóvenes para que sean mascotas, no deberá resultarle difícil. Aunque requiere tiempo, siempre que tenga en cuenta varias necesidades esenciales, nada de esto debería resultar amenazador para la vida de los polluelos.

Las necesidades básicas para la cría manual de las carolinas jóvenes

Higiene

Independientemente de la edad de los polluelos, la mala higiene acabará dando lugar a problemas. Las aves jóvenes nacidas en una incubadora no disponen de los beneficios aportados por los anticuerpos de sus progenitores y de los enzimas digestivos en su buche. Hasta que desarrollen su propia inmunidad serán muy susceptibles a las infecciones bacterianas. Las incubadoras y las eclosionadoras requieren una limpieza y desinfección regulares, y la zona de cría de los polluelos debe mantenerse tan limpia como sea posible.

Recomendamos mantener a los polluelos, a los que les están empezando a salir las plumas, en una habitación distinta a la de las incubadoras y eclosionadoras que contengan polluelos muy jóvenes. El polvillo que se desprende de las envolturas de las plumas que caen se produce en grandes cantidades y es diseminado abundantemente por los polluelos que practican el vuelo. Este polvillo no sólo supone un riesgo para la salud de los pichones muy jóvenes, sino que es potencialmente dañino para la sensible mecánica de las incubadoras y las eclosionadoras.

Todos los utensilios y las tazas mezcladoras deben ser esterilizadas antes de su uso. Sumerja las tazas y las cucharas que use para alimentar a los polluelos en una solución esterilizadora (p. ej. Milton™), co-

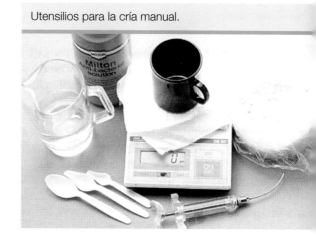

Utensilios para la cría manual.

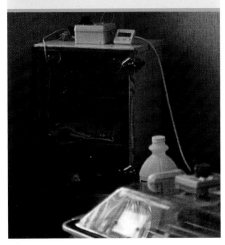

Superior: Una de las incubadoras que usamos. *Inferior:* Eclosionadora de precisión controlada mediante un termostato.

mo la que se usa en el caso de los bebés, a la concentración recomendada. Al principio de cada día sumerja también una jarra de agua en la solución durante el tiempo recomendado. A continuación enjuáguela con agua hirviendo unas pocas veces antes de llenarla con agua hirviendo para dejarla enfriar.

Cuando vaya a dar de comer a los polluelos, enjuague la taza mezcladora y las cucharas con agua hirviendo y deje que se enfríen antes de mezclar el alimento. Esto se hace para eliminar la solución anti-

bacteriana de los utensilios y así evitar que las aves ingieran parte de ella. Aunque esto no es necesario en el caso de los bebés, creemos que es una buena práctica en el caso de las aves de muy corta edad, ya que la solución antibacteriana que pueda llegar a su buche podría predisponerlas a las infecciones fúngicas. La digestión requiere de la presencia de bacterias «buenas» en el buche. La destrucción de éstas puede alterar el delicado equilibrio que hay en el buche y dar como resultado el crecimiento de levaduras.

Usamos cucharas de plástico de un solo uso para hacer la mezcla y dar la comida. Estas cucharas pueden doblarse fácilmente para que adopten la forma correcta para así dar de comer a los polluelos sumergiéndolas en agua hirviendo un momento y presionando en los extremos cuando el plástico se haya ablandado.

Tras cada comida cambiamos el recubrimiento de los contenedores en los que tenemos alojados a los polluelos. En el caso de los que son muy pequeños, usamos un lecho de pañuelos de papel suaves, cuando éstos son de mayor tamaño, el lecho que usamos es de papel de ordenador hecho tiras cubierto con toallas de papel. También sustituimos los contenedores cada día, o cuando va siendo necesario, y los reemplazamos por unos que estén limpios y esterilizados. Aunque estas prácticas no resultan tan necesarias en el caso de los polluelos de mayor edad que han sido cogidos del nido, creemos que es mejor estar seguro que lamentarse, ya que el esfuerzo que supone el salvar a un polluelo que ha enfermado es una experiencia angustiosa.

Polluelos de carolina de 3 a 5 días.
Dos de rostro blanco y uno normal
(con el plumón amarillo).

El alimento para la cría manual debería mezclarse cada vez que vaya a ser usado, y utilizaremos agua que habremos hervido y dejado enfriar. Use lotes distintos de alimento y utensilios limpios para cada grupo de polluelos. De esta forma podremos prevenir la transmisión de un problema bacteriano, vírico o fúngico en la zona de cría de las aves antes de que podamos detectarlo.

Dieta

Sentimos el máximo respeto por cualquiera que haya conseguido criar polluelos manualmente antes de la llegada del nuevo surtido de fórmulas de alimentos para la cría manual de aves de las que disponemos en la actualidad. Realmente, antes era más difícil criar carolinas jóvenes que hoy día. Hay varias fórmulas excelentes en el mercado que nos quitan los quebraderos de cabeza a la hora de alimentar a los polluelos. Son dietas muy digestibles y completamente equilibradas que no necesitan nada más que la adición de agua y calor. Si las proporciona siguiendo las instrucciones del fabricante, debería poder criar a los polluelos haciendo que alcancen un peso al destete equivalente, y en algunos casos mejor, que el de los que han sido criados por sus progenitores.

La norma más importante a seguir con estos alimentos comerciales consiste en ofrecerlos tal y como se indica. Mucha gente mezcla alimentos de distintas marcas y añade distintos ingredientes que pueden acabar dando lugar a problemas digestivos y que, con total certeza, alterarán la nutrición que garantiza el producto. Aunque algunas especies de psitácidas necesitan aditivos para obtener un ritmo de crecimiento óptimo, no nos hemos encontrado con problemas al criar carolinas sin alterar la fórmula.

Disponer de unas básculas precisas para pesar los ingredientes hará que le resulte más fácil mezclar la fórmula, de modo que tenga la consistencia correcta en relación con la edad de los polluelos. Puede adquirir, en tiendas de menaje del hogar, una báscula electrónica que lea los pesos en incrementos de 1 o 2 gramos por un precio asequible. Las básculas con una precisión de 0,1 gramos son mucho mejores si cría a polluelos muy pequeños que necesiten una fórmula muy diluida, pero su coste puede ser prohibitivo.

Las fórmulas de alimentos para la cría manual difieren básicamente en cuanto a su contenido en grasa. Si cría polluelos muy jóvenes recomendamos utilizar productos de buena calidad que podrá encontrar en las tiendas especializadas. Su mayor contenido en grasa proporciona una mejor ganancia inicial de peso, aunque los polluelos criados con estos preparados pueden mostrar una tendencia ligeramente mayor a sufrir problemas digestivos si la fórmula no es mezclada, de modo que tenga la consistencia correcta o no se ha sido lo suficientemente cuidadoso con la higiene. Al primer síntoma de ralentización de la digestión, cambie inmediatamente a una mezcla con un menor contenido en grasa, y se habrá de proporcionar más diluida y con unas gotas de algún preparado antifúngico, como las que se usan en el caso de los bebés, hasta que el problema se haya solucionado. Los polluelos mayores que ya han completado la mayor parte de su ciclo de crecimiento parecen aceptar de buen grado otro tipo de mezclas y se acostumbran fácilmente a la cuchara. Como se digiere muy rápidamente, recomendamos a las personas no experimentadas que intenten usar esta mezcla.

La temperatura de la mezcla es también algo extremadamente importante. Tengo siempre una jarra con agua hervida de la comida anterior, y le añado agua hirviendo para aumentar su temperatura. No obstante, nunca eche agua hirviendo o a punto de hervir a la fórmula. En el caso de algunas mezclas, lo que haríamos sería cocerla y alterar su digestibilidad. Luego compruebo la temperatura de la mezcla sobre la cara interna de mi muñeca. La sensación debería ser de que está tibia, pero nunca caliente, ya que la sensible mucosa que recubre la boca y el buche puede quemarse fácilmente.

Si la mezcla se ha enfriado demasiado para cuando se haya hinchado hasta adquirir su consistencia final, puede calentarla durante un par de segundos en el microondas o dejar reposar la taza dentro de un cuenco con agua hirviendo durante un rato. La fórmula que haya sido recalentada debe ser removida exhaustivamente y su temperatura debe volverse a comprobar antes de ofrecerla a los polluelos, para así asegurarse de que no hay puntos calientes. Los polluelos rehusarán consumir una fórmula que esté fría, y la ingesta de un alimento demasiado frío puede provocar que el polluelo coja frío, incrementándose así las probabilidades de que enferme.

Temperatura y humedad

Cuanto más jóvenes sean los polluelos, más cruciales serán la temperatura y la humedad. Los polluelos muy pequeños son incapaces de tolerar las fluctuaciones de la temperatura y deben ser tenidos en un entorno lo más estable posible. Una incubadora resultará suficiente mientras el polluelo se seca, pero muchas disponen de ventilación forzada, y el polluelo puede pasarlo mal si permanece en un lugar en el que haya una corriente de aire que incida directamente sobre él. Hay varias eclosionadoras comerciales en el mercado que disponen de termostatos de precisión, aunque algunas no están tan bien diseñadas en otros aspectos, como por ejemplo en lo que respecta a la facilidad de su limpieza.

Si los polluelos tienen más de una semana, puede arreglárselas con una caja de hospital en la que haya colocado dos bombillas de 25 vatios y un interruptor con el que pueda ajustar la potencia. Los beneficios de disponer de dos bombillas es que los polluelos probablemente sobrevivirán al descenso de la temperatura si una bombilla falla. Por otro lado, si la caja dispone sólo de una bombilla y ésta falla, podrían morir rápidamente antes de que nos demos cuenta del problema. Los interruptores que permiten ajustar la potencia no evitan que en la caja la temperatura fluctúe a lo largo del día y la noche. Sin un termostato, será necesaria una monitorización y ajustes constantes de la temperatura.

Es mejor colocar el termómetro en el interior de la caja donde tenemos a los polluelos, ya que a veces, las condiciones en el interior pueden variar en muchos grados con respecto a las condiciones ambientales exteriores. Hay marcas que comercializan termómetros digitales prácticos y baratos que disponen de una sonda al final de un largo cable. Esta sonda puede colocarse fácilmente en el contenedor, mientras el termómetro queda fuera de la eclosionadora para así poder leerlo con facilidad. Asegúrese de que los polluelos no estén apoyados sobre la sonda, o las lecturas de la temperatura serán anormalmente altas. Las temperaturas recomendadas en la eclosionadora son las siguientes, aunque los polluelos criados por sus progenitores y que son retirados del nido cuando tienen dos o más semanas de vida suelen encontrar estas temperaturas demasiado altas:

➤ 35-37 °C: semana 1
➤ 32,5 °C: semana 2
➤ 27 °C: semana 3

Las reducciones de la temperatura deben ser graduales y a lo largo de un periodo de 48 horas. Se debería vigilar el comportamiento de los polluelos y observar sus heces, y no fijarse sólo en la temperatura. Los polluelos no deberían tiritar, ni apartarse los unos de los otros y jadear. Las crías que se sientan bien generalmente dormirán durante horas entre comida y comida, amontonándose y con los cuellos cruzados entre ellos. El polluelo más joven siempre se encuentra enroscado y en el centro de los cuerpos calientes de los otros polluelos. Es mucho más difícil mantener satisfecho a un solo polluelo, ya que no dispone de nadie con quien acurrucarse para sentirse más cómodo. En el caso de los muy jóvenes, he hecho unas pequeñas mantas con el tejido lanoso de los chándales, pero sólo para que se acurruquen y no para taparles.

Si las temperaturas son demasiado altas mientras la mezcla se va espesando, puede darse una deshidratación, y sus primeros síntomas podrán verse en las heces. Las deposiciones normales deberían estar bien formadas, pero no deberían ser secas en absoluto. Si las heces no se ven acompañadas de una cantidad razonable de líquido vigile cuidadosamente las condiciones.

Los polluelos de mayor edad a los que les estén empezando a salir las plumas alfiler son mucho más fáciles de cuidar. Creo que el mejor entorno para alojar a estos polluelos consiste en tenerles en unas cajas de plástico como las usadas para guardar cosas. Estos contenedores deberían ser lo suficientemente grandes como para colocar una fuente de calor a un lado, y deberían tener una base firme formada, por ejemplo, por tiras de papel recubiertas con toallas de papel. Puede colocar una toalla en la parte superior, dejando sin cubrir el extremo opuesto a la fuente de calor. Coloque un termómetro en la caja para asegurarse de que el entorno disponga de un rango de temperaturas adecuado. Los polluelos podrán entonces alejarse o acercarse a la fuente de calor según sus necesidades. Además, este alojamiento será muy fácil de limpiar y desinfectar.

Preferimos los calentadores eléctricos de pies como fuente suave de calor, ya que no añaden el estrés que sí está presente con una iluminación continua. Se suelen usar pequeñas almohadillas calentadoras en los calentadores de pies. Algunas tienen una cobertura de muletón en la que debe introducir los pies. Ésta puede retirarse, dejando expuesta la almohadilla recubierta de plástico, lo que facilitará su limpieza. Algunos calentadores de pies están recubiertos de un tejido similar al de las alfombras que puede retirarse para limpiarlos. Algunos son de mayor tamaño que la mayoría y están diseñados de modo que se vayan inclinando, aunque su uso en el caso de las aves es fácil. Frecuentemente coloco cajas o contenedores pequeños en su parte superior, para así disponer de un soporte por encima de la fuente de calor. Las lámparas pequeñas equipadas con un interruptor ajustable y las bombillas coloreadas pueden usarse fácilmente para proporcionar calor extra, pero deben disponer de una protección adecuada. Lo más importante que se debe recordar es que se debe permitir que un polluelo en crecimiento disponga de la libertad para explorar su zona y alejarse de la fuente de calor o acercarse a ella y acurrucarse a su lado sin peligro.

Una vez estaba observando a un pequeño y alegre polluelo y me dijeron que había sido criado manualmente él solo. La fuente de calor consistía en una bombilla de 40 vatios. Después de haberle dado de comer, el polluelo se había recostado sobre la bombilla en busca de calor y, literalmente, se coció su prominente buche y su contenido de tal forma que cuando se apartó, la parte superior de su buche se rasgó y desprendió del cuerpo. La criadora, que era enfermera, quedó, lógicamente, consternada, pero cogió rápidamente aguja e hilo y le suturó, después de retirar cuidadosamente el contenido del buche. El ave pareció no sufrir y acabó abandonando el nido sin signos obvios de esta lesión. Esta historia real me causó una enorme impresión cuando era una cuidadora neófita de aves.

Cualquier eclosionadora que use necesitará disponer de humedad para evitar que los polluelos se deshidraten. Puede proporcionarla colocando un plato con agua cerca de la fuente de calor. Un plato de unos 80-100 mm de diámetro será, por lo general, suficiente. En el caso de los polluelos de mayor edad tenidos en recipientes de plástico, en esta etapa suele haber suficiente humedad generada por sus excrementos como para que no necesiten humedad adicional, pero sigue siendo mejor vigilarles para ver si se les seca la piel y si se deshidratan.

Cuándo y cómo alimentar

Algunos expertos aconsejan no alimentar a los polluelos hasta que hayan pasado 12 horas tras su eclosión. Este consejo sólo resulta adecuado si los polluelos han nacido de forma normal y sin problemas. Los que hayan tenido dificultades para eclosionar generalmente necesitarán ayuda inmediata. He visto que la forma más segura de ayudarles es alimentarles sólo con una solución de electrolitos durante las primeras 8 horas, que tenga un sabor natural, y que podrá encontrar en las farmacias. Esta solución proporciona a los polluelos la energía que necesitan sin interferir en la absorción del vitelo interno restante. También es muy beneficioso para los polluelos que se han deshidratado en el interior del huevo, y en el caso de ellos, continúo añadiendo una mezcla de carbohidratos y electrolitos que podrá encontrar en farmacias y tiendas especializadas en su fórmula de hasta 5 días. Los polluelos deshidratados nacen con la piel seca y rojiza y tienen un aspecto huesudo y chupado. Si no se les rehidrata adecuadamente no medrarán nada bien durante su periodo de crecimiento.

Son alimentados cada 1-2 horas durante los primeros 3 días, excepto durante la noche. Les alimento a medianoche, a las 3 y a las 6 de la madrugada y luego vuelvo a seguir el plan de alimentación cada 2 horas. La cuarta noche se aguantan desde medianoche hasta las 6 de la mañana sin comer. A medida que la densidad del alimento va aumentando y el buche incrementa su capacidad, las comidas pueden irse distanciando, y deberíamos basarlas en el tamaño del buche. Los polluelos deberían ser alimentados cuando por lo menos las tres cuartas partes del contenido del buche hayan sido digeridas.

Alimentación con cuchara.

Las comidas con este plan regular deberían continuar a lo largo del día hasta alrededor de las 11 de la noche, pero por la mañana, los polluelos no deberían ser alimentados hasta que el buche se haya vaciado desde la noche anterior. Si esto le lleva demasiado tiempo, el polluelo podría estar absorbiendo la humedad restante del buche, haciendo que el contenido de éste se densifique hasta el punto en que no pueda ser digerido. En tal caso creo que es mejor proporcionarles un par de comidas diluidas y masajear suavemente el contenido del buche para que la comida compactada pueda fragmentarse y digerirse.

Si el buche ha quedado péndulo, generalmente como resultado de la alimentación excesiva, no se vaciará, y el polluelo acabará muriendo de inanición mientras usted se queda esperando. En estas circunstancias, es mejor, en mi opinión, seguirle alimentando, pero masajear el contenido del buche suavemente con cada comida, para que así parte de la comida vieja se digiera y circule por el sistema digestivo junto con la nueva.

En este caso se debería usar un antifúngico. El alimento viejo que queda sin digerir en el fondo del buche es un perfecto caldo de cultivo para el hongo *Candida albicans*, que es el agente causal de las aftas (candidiasis). Se suele recomendar el vaciado forzado del buche en el caso de las digestiones lentas, ya sea mediante el uso de una jeringa o colocando al ave boca abajo y ordeñando el contenido. Nuestra experiencia nos dice que en el caso de las carolinas esto es desastroso, y suele dar lugar a un empeoramiento de la situación. Lo mejor será que las infecciones bacterianas de las que se sospeche sean tratadas por un veterinario especializado en aves, que administrará el antibiótico correcto a la dosis adecuada.

A medida que los polluelos van acercándose al momento de abandonar el nido, suelen tomar sólo cuatro comidas diarias, mostrando el menor interés por la comida matutina y el mayor por la vespertina. Algunos sólo tomarán una cena razonable, y esto no debe ser motivo de preocupación siempre que se les vea activos y bien. Tras abandonar el nido su apetito suele retornar a la normalidad.

Los polluelos a los que retiremos del nido porque así lo decidimos (no por necesidad) será mejor sacarles a las tres semanas. En este momento generalmente se adaptarán bien a la cuchara y no son ya tan delicados como los polluelos de menor edad.

Los que están cerca del momento de abandonar el nido pueden ser más difíciles de alimentar, ya que no tienen tanto apetito y pueden ser muy obstinados. Si abren la boca para bufarle, puede meterles rápidamente un poco de comida en la boca con la cuchara. Si simplemente se sientan y se le quedan mirando, tenga pa-

ciencia. Les hemos llegado a tener hasta dos días y medio sin que tomaran una comida razonable. En situaciones como ésta frecuentemente tenemos éxito sentándonos tranquilamente al lado del polluelo y acariciándole hasta que pierde el miedo. Tenerle con otros polluelos más jóvenes que se alimentan bien puede hacer que él también se alimente. En el caso de los que ya han abandonado el nido hay pocas posibles elecciones aparte de la de alimentarles con una aguja para el buche.

Normalmente les alimento con cuchara desde el primer día, en lugar de hacerlo con una jeringa o una sonda. Creo que es la forma más segura y natural de alimentarles, ya que es similar a la forma natural que tienen los progenitores de darles de comer. Hay menos dificultades a la hora del destete de los polluelos alimentados con cuchara y menos posibilidades de que inspiren el alimento hacia los pulmones si no tiene usted experiencia.

Si decide usar la alimentación con jeringa o sonda para la cría manual, piense en enseñar a las aves jóvenes a comer de una cuchara cuando cumplan las tres semanas. Esto estimulará su respuesta natural de alimentación y se destetarán más rápidamente y de forma más segura. Si comen de una cuchara, no podrá sobrealimentarles cuando prefieran reducir su ingesta de comida en el periodo previo a abandonar el nido. A esta edad, la sobrealimentación puede resultar en la regurgitación debida, simplemente, a que están demasiado llenos. Las carolinas nunca deberían regurgitar siendo jóvenes. Si ve que esto sucede, sospeche inmediatamente de un problema de salud y busque ayuda.

Destete

Es práctica común entre las personas que crían manualmente a sus polluelos que reduzcan el número de comidas cuando creen que es el momento adecuado, en un intento por forzar el destete. Mi experiencia es que a las carolinas se les puede exigir muy poco. La reducción de la cantidad de alimento rara vez ayuda a que los polluelos se desteten, y lo más frecuente es que resulte en unas aves hambrientas, inseguras y angustiadas. Se vuelven peligrosamente delgadas y obsesionadas con que les den de comer, y una vez empiezan a comportarse de esta forma el destete se vuelve muy difícil y se prolonga en el tiempo.

Este proceso tiene su origen en la curiosidad innata de los polluelos, que cogen, picotean y exploran las cosas que encuentran en su entorno. En el caso de los polluelos felices y satisfechos, este proceso se inicia en el nido. Tras abandonar el nido, aprenden de sus padres y de los compañeros que ya han pasado por el destete.

Las ramas y las hierbas que están formando semillas son aceptadas con gran facilidad para ser picoteadas. Los polluelos siempre deberían disponer de un cuenco con semillas secas y agua fresca desde el momento en que abandonen el nido. Los criados manualmente siempre investigan las semillas y otros trocitos de comida dispersos por el suelo antes de abandonar el nido. Las hortalizas, preferiblemente el maíz en su mazorca, también ayudan en el proceso del destete, proporcionando a las crías algo para picotear. De este modo conocen sabores, y poco después empiezan a ingerir alimento. Los que hayan reducido bruscamente su ingesta de alimento antes de haber aprendido a deglutir pueden volverse miedosos e inseguros, y dejar de explorar su entorno, escogiendo, en lugar de ello, sentarse y escuchar el sonido que hace al aproximarse, y pidiendo comida constantemente.

Jaula de destete con una lámpara de infrarrojos.

La alimentación manual de los polluelos puede ser un proceso tedioso, y el deseo de destetarles (en pos de nuestra comodidad) puede ser muy fuerte. Para aliviar este problema sin hacer que pasen hambre, prefiero enseñarles a comer de un plato en su sexta o séptima semana de vida. Esto se consigue fácilmente haciendo descender la cuchara hasta el interior del cuenco o plato mientras los polluelos piden comida. Puede animarles proporcionándoles pequeños bocados desde justo encima del nivel al que está situada la comida, haciendo así que bajen la cabeza y tomen pequeñas porciones de alimento. Una vez comprendan dónde está la comida, dejo la cuchara en el cuenco y salgo rápidamente de la habitación.

A medida que los polluelos vayan teniendo la edad adecuada, irán aprendiendo a alimentarse del plato tras sólo dos o tres comidas. Examine siempre su buche al volver a la habitación, para así asegurarse de que han comido suficiente. De esta forma los polluelos podrán ser alimentados cuatro veces al día con unas incomodidades reducidas al mínimo para los padres adoptivos (nosotros) en cuanto aprendan a comer del plato. Pueden comer hasta quedar satisfechos y conservar su talante alegre y contento, y su progenitor adoptivo también puede conservar su buen humor. Esto parece acelerar la asociación entre agacharse y tomar pequeñas cantidades de alimento del suelo, como parte del proceso del destete, en contraste con flexionar la cabeza hacia atrás y recibir la comida rápidamente de una cuchara. La mezcla para la cría manual debería ser bastante den-

La jaula de destete dispone de una base elevada de alambre para permitir que las heces caigan a su través.

sa (similar a las gachas) si los polluelos se alimentan de un plato.

Se destetarán frecuentemente mucho más rápidamente con alimentos blandos, como los brotes. Asegúrese también de que coman semillas secas, ya que no pueden saber que sólo van a recibir alimento blando durante el resto de su vida. Además, consumir únicamente brotes puede predisponer a los polluelos a futuras infecciones fúngicas.

Los polluelos pierden bastante peso durante el proceso del destete. A modo de ayuda extra proporciono a mis aves jóvenes acceso a una fuente de calor día y noche cuando el clima es fresco hasta que se han destetado y ganado un peso considerable. Construyo unas jaulas especiales para el destete con alambrada que miden 600 mm de anchura y altura y 800 mm de longitud. En un extremo, y alejada de los platos de la comida y el agua, coloco una pequeña caja de alambre que contiene una bombilla colgante. Usa una lámpara de infrarrojos de 60 vatios. Se trata de unas bombillas anaranjadas que se usan en las chimeneas artificiales. La luz anaranjada no provoca molestias de noche, pero proporciona más calor que las típicas bombillas rojizas que se usan en las fiestas, y que sólo tienen 40 vatios. La caja de alambre que rodea a la bombilla se pone para evitar que los polluelos picoteen los cables eléctricos y para evitar quemaduras.

Se colocan variedad de perchas alrededor de la bombilla para que así varios polluelos puedan acercarse a o alejarse de la luz al mismo tiempo, según sus necesidades. Se puede colgar una caja-nido a un lado de la jaula, lo que permitiría que los polluelos vayan abandonando el nido y saliendo hacia la jaula cuando llegue su momento. La base de la jaula está situada sobre una bandeja, pero 50 mm por encima de ésta, para así permitir que sus excrementos y la comida desaprovechada caigan a su través.

Introduzco el brazo en la jaula y alimento a los polluelos, varios a la vez, con una cuchara. Esto me ahorra tiempo y les mantiene interesados en la competición con su compañero de percha, que también come. Cuando van creciendo, se distraen con facilidad y se centran únicamente en comer hasta quedar satisfechos, sin detenerse para tomar una pausa y explorar cualquier otra cosa. Alimentarles en el interior de la jaula evita las peligrosas emociones de tener que perseguirles mientras vuelan por la habitación y que choquen contra una ventana con el buche lleno.

Carolinas consideradas como mascotas

Las carolinas consideradas como mascotas están más felices si las tenemos en parejas que si las tenemos solas, ya que esto es algo innatural siendo, como son, una especie gregaria. Sin atenciones regulares ni compañerismo, estas inteligentes aves frecuentemente se frustrarán y desarrollarán problemas del comportamiento, como gritar solicitando atención o arrancarse las plumas. En teoría nos convertimos en la bandada del ave y, por tanto, somos los sustitutos de su necesidad de compañía. Lo cierto es que la novedad que supone tener un ave dócil puede pasar pronto, y el ave pasará más y más tiempo encerrada en una jaula, el tamaño de la cual sería el equivalente a que una persona quedara encerrada en un cuarto de baño. Cuando me refiero a dos aves tenidas como mascotas hablo de dos ejemplares, que no tienen porqué ser un macho y una hembra. Debería evitar tener una pareja si no desea hacerlas criar.

El alojamiento, la dieta y otros aspectos del manejo relevantes a los cuidados de estas aves tenidas como mascotas ya han sido discutidos en otras secciones de este libro. Esto me hace recordar algunas de las falacias tales como: «si tengo dos aves no seguirán siendo dóciles».

Si adquiere dos ejemplares que hayan sido criados manualmente y los maneja con frecuencia, no hay razón alguna para esperar que se vuelvan salvajes. Los periquitos criados manualmente prefieren tener amigos que sean de su misma especie, pero las carolinas pueden compartir fácilmente sus aficiones con usted y con un ave.

La personalidad de las carolinas varía mucho, y no todas son buenas mascotas. El criador debería proporcionarle una mascota que proceda de una familia especialmente gregaria y amistosa. Estas aves, al ser criadas manualmente, suelen seguir siendo dóciles incluso al tenerlas en un aviario con compañeras no dóciles. Si adquiere un ave poco mansa como compañera de un ave que tiene como mascota, le recomiendo que amanse a la nueva antes de hacer las presentaciones. El miedo que siente el ejemplar nuevo será captado por el ave que ya tiene y puede alarmarla. Mucha gente que ha adquirido de mis manos un ejemplar criado manualmente como compañero para una mascota me ha informado de que la personalidad de su primera ave ha florecido con la introducción del nuevo y dócil ejemplar.

«Si tengo dos ejemplares no podré enseñarles a hablar.» La capacidad de imitar y el deseo de hacerlo varían entre las distintas aves, teniendo los machos una mayor inclinación a aprender palabras. No enseño a mis ejemplares a hablar, pero uno de mis machos aprendió, de forma autodidacta, a silbar y a hacer un ruido parecido al del pato Donald. Como era un macho muy gregario y parlanchín, logró enseñar al resto de mis machos y a alguna de las hembras a hacer el mismo ruido. Estoy muy segura de que si le hubiera repetido algunas palabras continuamente habría aprendido a hablar y, probablemente, hubiera enseñado a muchas de mis ejemplares a decir las mismas palabras. Me han llegado muchos comentarios de aves tenidas como mascotas que han aprendido a hablar o a silbar una determinada canción.

En cuanto a cuál de los dos sexos es mejor como mascota, ambos tienen atributos que les hacen ideales. Los machos tienen tendencia a ser muy gregarios y divertidos, aunque a muchos no le hace gracia que les acaricien y les rasquen, aunque sí les gusta subirse a su cabeza o su hombro, mostrando así una cierta dominancia sexual. Las hembras, por otro lado, son muy dulces y afectuosas, y generalmente insistirán para que les rasque la cabeza durante horas. Frecuentemente se sienten satisfechas recostándose contra su cuello y sentándose tranquilamente durante largos periodos.

Las carolinas jóvenes pierden peso durante el proceso del destete y pueden enfermar si las somete a estrés, como el ser transportadas a un nuevo hogar, a una tienda de mascotas o a un tratante de aves. Por tanto, prefiero vender a mis mascotas una vez que han ganado un poco de peso y estoy segura de que comen bien por su cuenta. También necesitan ser manipuladas para así aprender a acudir a su propietario para obtener compañía, y no sólo alimento. Las carolinas que han sido criadas manualmente serán dóciles y tendrán confianza con la persona que las ha criado, pero quizás todavía se muestren desconfiadas con los desconocidos. Hay

pasos importantes que se deben tomar al adaptar a sus aves a su nuevo hogar.

Siempre envío a mis aves a su nuevo hogar con una pequeña cantidad de las semillas a las que están acostumbradas y una hoja con detalles sobre sus cuidados y su dieta. Recomiendo que los animales permanezcan en su jaula durante por lo menos un día, hasta que se vayan acostumbrando a las voces y al aspecto de sus nuevos propietarios y a los ruidos de su nuevo entorno, especialmente a cualquier animal nuevo. Si la familia posee varios niños, recomiendo que sólo un adulto y un niño estén con el ave cada vez. Una habitación llena de gente desconocida puede espantarlas.

Los pájaros deberían ser tenidos en una habitación pequeña al principio y se les tendría que permitir salir de la jaula por su cuenta, si es posible, o se les debería animar para que saltasen y se colocasen sobre su mano para sacarles de la jaula. No las persiga por la jaula, ya que así aprenderían a tenerle miedo. Las aves a las que se les ha permitido salir de la jaula y explorar su entorno sin mostrar miedo se acostumbrarán rápidamente a éste y a sus nuevos propietarios. La habitación pequeña evitará que salgan volando con demasiada rapidez y que se puedan lesionar o asustar por los objetos presentes en la habitación.

Si al principio vuelan alejándose de usted y se posan sobre la barra de una cortina, déjeles que se calmen antes de acercarse tranquilamente y anímeles a que se posen sobre su mano. Siempre recomiendo disponer de un poco de eucalipto o de hierbas que estén produciendo semillas para mantenerlas ocupadas mientras están sobre su regazo o su mano. Además de suponer un premio, proporcionan a un ave nerviosa algo que hacer y tienen un efecto tranquilizador. A medida que se acostumbren a usted y a su nuevo entorno, se irán volviendo cada vez más atrevidas y se les podrá permitir explorar zonas más amplias dentro de casa. No obstante, a no ser que les recorte las plumas de un ala, lo mejor será tener a las aves en habitaciones que no tengan aberturas hacia el exterior de la casa. Me han llamado muchas personas que han perdido a su mascota porque han salido fuera de casa con su animal posado sobre su hombro. Tan pronto como el ave ve que se encuentra en un territorio desconocido suele salir volando debido al pánico, y la perderemos en un momento.

Los ruidos fuertes y repentinos alarmarán a sus aves, especialmente los del teléfono y el timbre de casa. Los hornos, los fregaderos y las neveras son potenciales trampas mortales para las carolinas tenidas como mascotas. Si es posible, eche las cortinas y cierre las puertas que dan acceso al baño o a la cocina. También debe estar atento a las plantas caseras potencialmente venenosas, al gato o al perro y a los pulverizadores tóxicos de insecticida. Lo más importante que debe recordar para la seguridad de su mascota es que, simplemente, debe estar atento a sus aves y a lo que hacen mientras están fuera de su jaula y juegan en su entorno. Con un poco de cuidado debería poder disfrutar durante años del compañerismo de estas encantadoras y pequeñas aves.

Jaulas para las carolinas

Las personas que diseñan las jaulas para aves que se venden en las tiendas de mascotas parecen mostrar que se sabe muy poco sobre las necesidades de los eventuales habitantes. Cada año veo cómo las jaulas se van haciendo más altas, más estrechas y menos adecuadas, aunque quizás sean más atractivas desde un punto de vista estético. Las aves vuelan de forma más o menos horizontal. Las carolinas vuelan rápidamente hacia arriba y hacia abajo sólo como respuesta a un susto repentino. Así pues, las jaulas que son más largas y anchas que altas resultan mucho más adecuadas para las aves tenidas como mascotas que las que son altas y muy decorativas.

A las carolinas que son dóciles y que tienen confianza con sus propietarios se les puede dejar, generalmente, volar libremente en una zona de la casa. Si se les permite explorar y hacer ejercicio libremente durante un rato cada día, el tamaño de la jaula será un factor menos crítico para su salud. Para una carolina tenida como mascota a la que se permita hacer ejercicio de forma regular aconsejamos que la jaula tenga un tamaño mínimo de 45×45 cm.

Una jaula pequeña para cacatúas que mida unos 60×60 cm permitiría alojar cómodamente a dos carolinas, pero se debe tener cuidado y no dejar fuera de casa y sin vigilancia jaulas de este tipo. Las carolinas pueden, sin dificultad, sacar la cabeza a través de los barrotes y, como resultado, pueden perderla por el ataque de un búho, halcón o gato. Las jaulas con barrotes horizontales son más adecuadas para este tipo de aves que las que tienen (como las de los canarios) barrotes verticales, porque de esta manera podrán trepar.

Cuando la gente adquiere mascotas de mis manos suelo ayudarles a hacer su propia jaula con alambre soldado para aviarios, y usando unos clips para unir las junturas. Lo ideal es que estas jaulas tengan unas dimensiones de 80 cm de longitud $\times$ 60 cm de anchura y altura, y que dispongan de un balcón para la alimentación en un extremo. Su fabricación es barata, son livianas y se pueden transportar fácilmente fuera de casa, por lo que las aves pueden tomar un poco de aire fresco y el sol. El alambre soldado es mucho más adecuado para que las aves trepen y puede pintarse de negro con una pintura de base acuosa, para que así las aves sean más fáciles de ver y que la jaula sea más atractiva. Las dimensiones de esta jaula resultan muy adecuadas para una pareja de carolinas, para que mantengan una buena salud y por lo fácil que resulta su mantenimiento. Se pueden hacer unas bandejas para mantener la jaula y la zona circundante limpias.

Las perchas naturales son mucho mejores para todas las aves, ya estén en una jaula o en un aviario. Las dimensiones naturales variables hacen que sus pies hagan ejercicio, y el arañar y arrancar la corteza parece ser una actividad que las mantiene ocupadas durante horas. Por supuesto, los platos para la comida y el agua deben colocarse apartados de las perchas, para que no acaben llenos de excrementos, y también deberían colocarse donde sea fácil acceder a ellos para limpiarlos y volverlos a llenar.

Como las carolinas tenidas como mascotas suelen estar alojadas dentro de casa, sus propietarios quizás no tengan en cuenta aspectos como las corrientes de aire o el frío. Muchos problemas del comportamiento y de la salud son provocados por unas condiciones ambientales inadecuadas. Por ejemplo, muchas carolinas son alojadas en las habitaciones del hogar en las que la familia hace su vida. Cuando los habitantes humanos tienen frío encienden la calefacción, pero luego las personas la apagan y a la hora de dormir están bien tapados debajo de sus edredones, dejando a su carolina experimentar lo que supone un brusco descenso de la temperatura.

Estas aves mudan el plumaje y se reproducen como respuesta al cambio de estación y a la duración de la luz diurna. Una carolina tenida como mascota que experimente un rango antinatural de temperaturas y de horas de luz desarrollará, frecuentemente, problemas en sus plumas y del comportamiento, como el arrancarse las plumas, como motivo de estos cambios. Una solución sencilla consiste en mantener a sus aves en una habitación que no disponga de calefacción, para que así no haya fluctuaciones de temperatura cuando ponga en marcha la calefacción por la tarde.

Hembra arlequinada (invertida) de manchas muy marcadas.

También es de ayuda tapar la jaula de los pájaros por la tarde si la habitación tiene corrientes de aire, y las luces deberían apagarse o la jaula cubrirse cuando fuera de casa empiece a anochecer. Las carolinas alojadas en el interior del hogar duermen de forma natural desde el inicio de la tarde hasta el alba. Mucha gente no se da cuenta de que su carolina no está genéticamente programada para estar despierta y activa a medianoche. Por supuesto, para la gente que vuelve de noche del trabajo, puede que éste sea el único momento que puedan pasar con sus aves, así que en este caso es mejor prolongar sus horas de vigilia. Lo más importante para su salud y su seguridad es ser constante.

Todos los pájaros disfrutan tomando el sol, y esto es especialmente cierto en invierno. La luz del sol es importante para la producción de vitamina D_3 y la absorción de calcio. Aunque es algo seguro y beneficioso colgar la jaula de su mascota al sol en invierno, las aves pueden morir rápidamente si las deja a pleno sol de verano durante mucho rato. Lo ideal es colgar la jaula allá donde reciban sólo el sol matutino.

Los periquitos amarillos y verdes son usados como cebo para atrapar y dirigir a las rapaces hacia otro lugar, ya que los halcones y otras rapaces pueden detectarles desde una distancia de hasta cinco kilómetros. Su carolina tenida como mascota, sea del color que sea, sería igual de efectiva como cebo. Piense detenidamente en el lugar en la que colgará la jaula e intente proporcionar algún tipo de cobertura visual. Si no va a estar usted a una distancia como para oír cualquier cosa, sitúe la jaula dentro de casa. El grito de angustia de una carolina es fácil de reconocer y la rápida acción del propietario puede, generalmente, salvar a una mascota de un potencial depredador.

Obtención de colores

Al obtener animales nuevos quizás deba fiarse de los conocimientos de la persona que le proporcione las aves, con la esperanza de que sepan lo suficiente de genética como para garantizar la base biológica de los ejemplares. Frecuentemente éste no es el caso, lo que da como resultado emparejamientos inadecuados y unos resultados de cría inesperados. El confuso criador puede entonces transmitir una información incorrecta al siguiente comprador, ya que se basará en los resultados imprecisos que ha obtenido.

La cría en pos de mutaciones concretas de las cacatúas implica tres áreas específicas de administración, aparte del manejo de los animales:

La identificación precisa de los animales reproductores y la descendencia.

El apareamiento de una única pareja por aviario, para así obtener unos resultados precisos y garantizados.

Antes de la estación de cría las hembras y los machos son alojados por separado. Esto se hace para evitar que otros machos se apareen con las hembras antes de aparejarlas con machos genéticamente adecuados. Las hembras pueden poner huevos fértiles hasta dos semanas después de la cópula. Muchas hembras iniciarán una excesiva puesta de huevos fuera de temporada al alojarlas con machos, y esto provocará un estrés adicional a las hembras.

Es de esperar que sus animales fundadores estén anillados, pero si no es así puede colocarles unas cintas de plástico de colores. El color de identificación o el número de la cinta debería registrarse y anotarse su descripción visual. Cuando sus crías tengan la edad suficiente también deberían ser anilladas, y sólo se debería añadir la información genética adicional. Por ejemplo, si un polluelo lutino nace inesperadamente de un padre gris, puede anotar que el padre es lutino heterocigoto. En el futuro podrá escoger una pareja más adecuada para ese macho. También sabrá que su descendencia masculina probablemente será portadora del gen y que debería advertírselo al comprador.

Los polluelos pueden ser anillados desde los cinco días hasta las dos semanas de vida, dependiendo de lo rápidamente que crezcan. El anillado consiste, simplemente, en sujetar los tres dedos más largos juntos y hacer que señalen hacia delante. El cuarto dedo, de menor tamaño, se sujeta por detrás y es apartado, mientras la anilla se desliza entre los primeros tres dedos. Deslícela hacia atrás hasta sobrepasar el talón y llegar a la uña del dedo posterior. Éste es entonces empujado hacia delante para que se introduzca en la anilla con la ayuda de un palillo, colocado entre la pata y el dedo posterior y la parte delantera de la anilla. Cuando los polluelos son anillados en el momento correcto, la anilla no deberá ser puesta forzando el pie, aunque tampoco dispondremos de un espacio excesivo.

Macho con coloración plateada con lentejuelas.

Los dedos de estas jóvenes aves son muy flexibles en esta época, aunque deberá tener cuidado para no hacerles daño. Los polluelos anillados deben ser vigilados durante varios días tras el anillado, para así asegurarse de que la anilla no se haya caído o se haya deslizado ascendiendo por la pata.

Nosotras preferimos anillar a nuestros polluelos con anillas de aluminio codificadas. Se pueden encontrar anillas con números y colores distintos grabados, para así identificarlos. Las anillas que usamos tienen un diámetro interior de 6 mm. El uso de una cinta de plástico de color enrollada alrededor de la otra pata nos ayu-da a identificar ciertas familias cuando tenemos grupos de aves volando juntas.

Las personas que adquieran animales anillados deberían cerciorarse de que sus aviarios sean seguros para las aves anilladas. Las anillas pueden quedar enganchadas en trocitos de alambre, ramitas y ganchos que sobresalgan. El resultado es, si no fatal, por lo menos horrible para las aves. Las anillas partidas son todavía más peligrosas y más difíciles de poner.

Mantenimiento de un registro preciso

Todos los emparejamientos, sean más o menos exitosos, deberían ser anotados en un registro de cría. Éste incluirá detalles de los progenitores, el número de huevos puestos, la fecha en que fue puesto el primer huevo, la fecha en que eclosionó cada polluelo, el número de la anilla de cada ejemplar y su descripción genética. Estos registros no sólo le ayudarán a identificar a las aves que ha hecho criar, sino que además podrá determinar el éxito de parejas concretas o de ciertas líneas reproductivas. El registro también le ayudará a saber si los huevos ya han superado su fecha de eclosión y a anotar otros aspectos reproductivos, como unas malas habilidades como progenitor o dificultades durante la eclosión.

Introducción a la genética

Unos pocos conocimientos de genética son el mayor obstáculo al que se enfrenta la mayoría de la gente cuando

Macho joven de rostro blanco y plateado.

cría aves con mutaciones, especialmente cuando se trata del emparejamiento de aves con múltiples transformaciones. Aunque proporcionamos a la gente una lista con el tipo de ejemplares que pueden esperar obtener a partir de una pareja que les proporcionemos, sin tener unos conocimientos de los principios implicados, frecuentemente se encontrarán con problemas en su siguiente generación de polluelos. No obstante, el cálculo del resultado genético de una pareja de aves con múltiples mutaciones no es realmente más difícil que el cálculo del resultado

de un emparejamiento sencillo si comprende los principios.

Se sabe que las características físicas de todos los seres vivos son transmitidas de los progenitores a su descendencia mediante el proceso de herencia genética. La mayoría de la gente sabe muy poco acerca de la genética. Los principios básicos de la genética son todo lo que uno necesita para entender las mutaciones que se dan en las carolinas.

Al igual que sucede con las personas y con otros animales, las características individuales de cualquier ave son determinadas por la formación de la primera célula durante el proceso reproductivo (zigoto) y que resulta de la unión de una célula masculina (espermatozoide) y una femenina (óvulo). Cada una de estas células, que es específicamente reproductiva, es portadora, únicamente, de la mitad del material genético que se encuentra en las células de la grandísima mayoría de los seres vivos. Su combinación da como resultado una célula que lleva una dotación completa de instrucciones genéticas: la mitad procedente del macho y la otra mitad de la hembra. Esta célula se divide y se multiplica mientras el embrión va creciendo. En el interior del núcleo de cada célula, esta información genética es llevada en las hebras del ADN. Estas hebras, que reciben el nombre de «cromosomas», están unidas en parejas; una hebra procede de la hembra y la otra del macho. Situados a lo largo de los cromosomas tenemos los genes, que están situados en posiciones concretas y que forman parejas.

Los genes determinan el sexo y la apariencia física. Cuando un par de genes coinciden, como en el caso de un niño nacido de unos progenitores con los ojos azules, la descendencia mostrará esa misma característica. No obstante, si un progenitor tiene los ojos azules y el otro los tiene marrones, el gen marrón es dominante y enmascarará al gen azul, que es recesivo, lo que dará como resultado un niño con los ojos marrones.

Figura 1: ejemplo de una pareja de autosomas

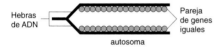

Autosómico recesivo

En la mayoría de los casos, el color salvaje de cualquier especie de ave es dominante sobre cualquier otro color. En ocasiones, la composición de un gen se ve alterada espontáneamente, creándose un gen mutante. Estos genes mutantes son, casi siempre, recesivos con respecto al gen dominante y, a no ser que dicha mutación se produzca en los genes que determinan el sexo, reciben el nombre de «autosómica recesiva». Pueden heredarse durante generaciones sin que se tornen visibles, hasta que dos aves portadoras del mismo gen mutante se apareen. Esto suele ser resultado de la consanguinidad que se da al azar en situaciones incontroladas en un aviario.

Las aves procedentes de progenitores grises de tipo salvaje y no sean portadoras de genes mutantes son nombradas, des-

de el punto de vista genético, como «NN». Ésta es una abreviación del hecho de que el ave ha recibido, de ambos progenitores, un gen «N» (normal) para el color.

Figura 2: ejemplo de una pareja de autosomas para el color normal: NN

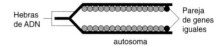

● Gen para el color normal (N). Esta ave es visualmente normal (NN).

El apareamiento de dos aves normales aparece así en el diagrama:

Figura 3: normal apareado con normal (NN × NN)

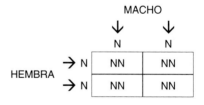

Toda la descendencia es visualmente y genéticamente normal (NN)

La tabla indica que sin importar la forma en que se emparejen los cromosomas y los genes que portan las aves, la descendencia resultante será normal tanto genéticamente como respecto a su aspecto. Las aves portadoras de un gen mutante reciben el nombre de heterocigotas y tienen la abreviatura «Nn». La «N» mayúscula hace referencia al gen normal, y la «n» minúscula al gen mutante.

Figura 4: ejemplo de un ave visiblemente normal y heterocigota para un color mutante: Nn

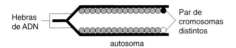

autosoma

o Gen para el color mutante (n)
● Gen para el color normal (N)

Esta ave es visualmente normal, pero heterocigota para el color mutante (Nn)

El emparejamiento de dos aves heterocigotas es mostrada de la siguiente forma en la tabla:

Figura 5: heterocigoto × heterocigoto (Nn × Nn)

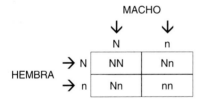

	MACHO	
	N	n
N	NN	Nn
n	Nn	nn

HEMBRA

• El 25% de la descendencia es visual y genéticamente normal (NN)
• El 50% es visualmente normal, pero heterocigoto para el color mutante (Nn)
• El 25% son mutaciones visuales (nn)

La tabla indica que los cromosomas pueden emparejarse en cuatro posibles combinaciones. Una consiste en que el ave no ha heredado el gen mutante, y otra es que el ejemplar ha heredado un gen mutante de ambos progenitores y, por tanto, será visualmente (fenotípicamente) distinta con respecto a un ave normal.

Figura 6: ejemplo de mutación visual (nn)

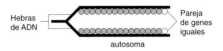

autosoma

o Gen para el color mutante (n). Esta ave tiene una mutación visual (nn)

Las otras dos posibilidades implican a aves que han heredado un gen mutante. Estas aves son heterocigotas, pero son visualmente normales, ya que el gen normal es dominante y determina su aspecto externo. No es posible saber qué aves son portadoras del gen mutante y, por tanto, toda la descendencia de este emparejamiento que tiene un aspecto normal recibe el apelativo de «posible heterocigoto». Si un ave visualmente mutante (nn) se aparea con una normal (NN), el resultado es el siguiente:

Figura 7: normal × mutación visual (NN × nn)

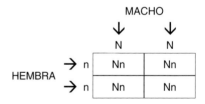

	MACHO	
	N	N
n	Nn	Nn
n	Nn	Nn

HEMBRA

Toda la descendencia es visualmente normal, pero heterocigota para el color mutante (Nn)

Todas las aves serán visualmente normales, pero son portadoras de un gen mutante y, por tanto, son heterocigotas con total seguridad.

Si un ave con la mutación visual (nn) se aparea con un ave heterocigota (Nn), este emparejamiento se expresa del siguiente modo:

Figura 8: mutación × mutante heterocigoto (nn × Nn)

MACHO

	n	n
→ N	Nn	Nn
→ n	nn	nn

HEMBRA

- El 50% de la descendencia es visualmente normal, pero heterocigota para el color mutante (Nn)
- El 50% son mutaciones visuales (nn)

En este caso todas las aves han heredado uno o dos genes mutantes y son mutaciones visuales o heterocigotas con total seguridad.

Si un ejemplar visualmente mutante (nn) se aparea con otra ave mutante (nn), el emparejamiento da el siguiente resultado:

Figura 9: mutación visual × mutación visual (nn × nn)

MACHO

	n	n
→ n	nn	nn
→ n	nn	nn

HEMBRA

Toda la descendencia es visualmente mutante (nn)

En este caso todas las aves son mutaciones visuales.

En el caso de las mutaciones autosómicas, tanto los machos como las hembras pueden ser heterocigotas para un gen mutante. En las tablas anteriores se puede cambiar el sexo del ave heterocigota y el de la mutante (p. ej. la combinación entre el macho heterocigoto y la hembra con una mutación visual puede cambiarse por una hembra heterocigota y un macho visualmente mutante, y la descendencia resultante seguirá siendo genéticamente igual). En las carolinas, las mutaciones arlequinada, plateada pastel, ante y de rostro blanco son autosómicas recesivas. Tanto los machos como las hembras pueden ser heterocigotos para estas mutaciones. Al expresar en tablas los apareamientos entre estas aves, muchas personas asignan unas abreviaturas que no tienen relación alguna, lo que hace que el proceso me resulte más difícil de entender. Para mostrar el emparejamiento de estas mutacines usaremos las siguientes abreviaturas:

pd: arlequinado   f: ante
s: plateado   wf: rostro blanco
sl: plateado con lentejuelas

Figura 10: normal heterocigoto arlequinado × normal heterocigoto arlequinado (Npd × Npd)

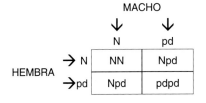

- El 25% son visual y genéticamente normales (NN)
- El 50% de la descendencia es visualmente normal, pero heterocigota arlequinada (Npd)
- El 25% son arlequinados visuales (pdpd)

Figura 11: normal × arlequinado (NN × pdpd)

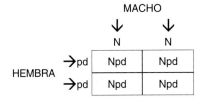

Toda la descendencia es visualmente normal, pero heterocigota arlequinada (Npd)

Figura 12: normal heterocigoto arlequinado × arlequinado (Npd × pdpd)

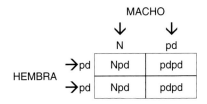

- El 50% de la descendencia es visualmente arlequinada (pdpd)
- El 50% de la descendencia es visualmente normal, pero heterocigota arlequinada (Npd)

Figura 13: arlequinado × arlequinado (pdpd × pdpd)

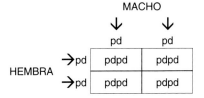

Toda la descendencia es visualmente arlequinada (pdpd)

El cálculo de las mutaciones autosómicas múltiples

Se realiza del mismo modo que en las tablas anteriores. Tomemos como ejemplo el apareamiento de un macho heterocigoto plateado y arlequinado con una hembra heterocigota arlequinada y plateada.

Figura 14: en primer lugar la tabla del arlequinado heterocigoto × arlequinado (Npd × pdpd)

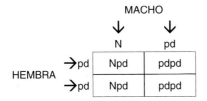

		MACHO	
		N	pd
	→pd	Npd	pdpd
HEMBRA	→pd	Npd	pdpd

- El 50% de la descendencia es visualmente arlequinada (pdpd)
- El 50% de la descendencia es visualmente normal pero heterocigota arlequinada (Npd)

Figura 15: ahora el plateado × plateado heterocigoto (ss × Ns)

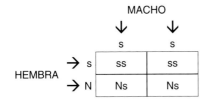

		MACHO	
		s	s
	→ s	ss	ss
HEMBRA	→ N	Ns	Ns

- El 50% de la descendencia es visualmente plateada (ss)
- El 50% de la descendencia es visualmente normal pero heterocigota plateada (Ns)

Si combina las tablas de la columna anterior obtenemos lo siguiente:

Figura 16: plateado y heterocigoto arlequinado × arlequinado y heterocigoto plateado (spd × pds)

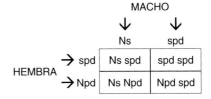

		MACHO	
		Ns	spd
	→ spd	Ns spd	spd spd
HEMBRA	→ Npd	Ns Npd	Npd spd

- El 25% (Ns spd) son plateados y arlequinados heterocigotos
- El 25% (Ns Npd) son normales y heterocigotos arlequinados y plateados
- El 25% (Npd spd) son arlequinados y heterocigotos plateados
- El 25% (spd spd) son plateados arlequinados

A partir que aquí sólo hace falta leer los resultados: un ave que tenga dos signos iguales será una mutación visual, y si sólo lleva uno será heterocigota.

Recesivo ligado al sexo

Hay un par de cromosomas en el interior del núcleo de cada célula que difieren del resto. Este par es el responsable de la determinación del sexo. Los machos disponen de una pareja que se parece al resto de sus cromosomas y, al igual que ellos, lleva un conjunto de genes. Este par de cromosomas iguales en el caso del macho se representa mediante el símbolo «XX». Las hembras no disponen de un par de cromosomas sexuales parecidos: uno de ellos es idéntico al cromosoma masculino (X), pero el otro es más corto y sólo es portador de unos pocos genes relacionados con la reproducción. Este cromosoma corto es representado mediante el símbolo «Y» y, por tanto, los cromosomas sexuales femeninos tienen la notación «XY». Esto difiere de los mamíferos, en el que la hembra es la que tiene los cromosomas sexuales iguales y es el macho el que tiene un cromosoma diferente.

Figura 17: ADN ligado al sexo

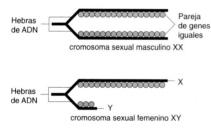

Los genes no son portados en forma de parejas en el cromosoma sexual femenino.

Tal y como se ha mencionado anteriormente, cuando se forma una nueva célula mediante la unión de un espermatozoide y un óvulo, cada par de nuevos cromosomas se origina a partir de la combinación de uno aportado por el macho y otro por la hembra. En todos los casos, el macho cede un cromosoma «X», pero la hembra puede ceder un «X» o un «Y». Si una célula nuevamente formada (zigoto) recibe un «X» de la hembra se convertirá en un macho («XX»), pero si recibe una «Y» se convertirá en una hembra («XY»).

Así, es la hembra la que determina el sexo de su descendencia. La unión de los cromosomas sexuales masculino y femenino se muestra en la siguiente tabla:

Figura 18: cromosomas sexuales sólo

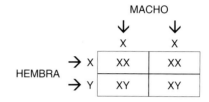

- El 50% de la descendencia serán machos (XX)
- El 50% de la descendencia serán hembras (XY)

La tabla indica que dos de cada cuatro polluelos será hembra, aunque en realidad sabemos que esto no siempre es así. Una hembra puede producir óvulos que sean portadores, predominantemente, del cromosoma «X», resultando un mayor porcentaje de machos en cada nidada.

En algunos casos, ciertos genes para los colores mutantes aparecen en el cromosoma «X». No se muestran en otros cromosomas y, por tanto, reciben el nombre de «ligados al sexo», y son recesivos con respecto al color normal, que es dominante. Como los machos tienen un par de cromosomas «X», pueden portar el gen del color normal y un gen mutante, enmascarando así su efecto. En este caso, el macho es visualmente (fenotípicamente) normal, pero es heterocigoto para el color ligado al sexo. El macho debe tener una pareja idéntica de genes ligados al sexo para mostrar visualmente el color mutante.

Como contraste, si la hembra tiene el mismo gen mutante ligado al sexo en su cromosoma «X», tendrá la mutación visual de color con un solo gen presente. El cromosoma «Y», que es más corto, no puede llevar el gen para el color normal y, por tanto, no hay nada que enmascare los efectos del gen mutante. Debido a esta razón, las hembras no pueden ser heterocigotas para un color mutante ligado al sexo. Si el gen mutante está presente en el cromosoma «X» se mostrará en forma de un cambio visible en la coloración de la hembra.

Figura 19: ADN ligado al sexo

cromosoma sexual masculino $X^n X^n$

o Gen mutante ligado al sexo (X^n)

El macho necesita que la pareja de genes del color mutante del cromosoma sexual sea igual para que dicho color pueda ser visible.

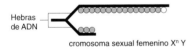

cromosoma sexual femenino $X^n Y$

o Gen mutante ligado al sexo ($X^n Y$)

En el caso del cromosoma sexual femenino, los genes no van en parejas, y sólo hace falta un gen para que ese rasgo sea visible.

En las carolinas, las mutaciones lutino, canela, perlada, platino y de rostro amarillo están ligadas al sexo. Al representar en tablas la posible descendencia resultante de las mutaciones ligadas al sexo uso las siguientes abreviaturas:

c: canela   L: lutino
Yf: rostro amarillo   pl: perlado
pt: platino

Como la hembra sólo necesita recibir un gen para que un color ligado al sexo sea visible, es importante incluir los símbolos de los cromosomas sexuales al mostrar en una tabla los emparejamientos respecto a genes ligados al sexo. Si no es así, es imposible determinar si un ave que muestra sólo un símbolo propio de una mutación es un macho heterocigoto o una hembra que muestra visualmente la mutación.

➤ A un macho visualmente lutino se le asignan, por tanto, los símbolos $X^L X^L$
➤ Un macho heterocigoto lutino es $X^L X$
➤ Una hembra visualmente lutino es $X^L Y$

Las mutaciones ligadas al sexo se expresan en forma de un superíndice, encima del símbolo X. Esto indica que está ligado al sexo, diferenciándola así de una mutación autosómica recesiva. Al hacer tablas de emparejamientos ligados al sexo y de mutaciones múltiples no uso el símbolo «N» para representar al gen normal. No resulta necesario realmente, ya que cualquier macho o hembra que no posea dos símbolos mutantes o las hembras que no tengan símbolos concretos ligados al sexo serán siempre visualmente normales.

Figura 20: macho heterocigoto lutino × hembra normal (NN × NN)

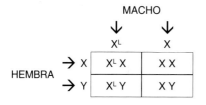

- El 25% de la descendencia son machos heterocigotos lutinos (X^L X)
- El 25% son machos normales (X X)
- El 25% son hembras lutino (X^L Y)
- El 25% son hembras normales (X Y)

Figura 21: macho lutino × hembra normal (LL × NN)

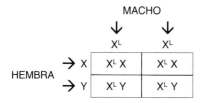

- El 50% de la descendencia son machos heterocigotos lutinos (X^L X)
- El 50% de la descendencia son hembras lutino (X^L Y)

Figura 22: macho lutino heterocigoto × hembra lutino (NL × LL)

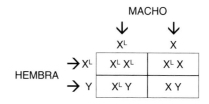

- El 25 % de la descendencia son machos lutino (X^L X^L)
- El 25% de la descendencia son machos heterocigotos lutinos (X^L X)
- El 25% de la descendencia son hembras lutino (X^L Y)
- El 25% son hembras normales (X Y)

Figura 23: macho lutino × hembra lutino (LL × LL)

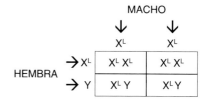

- El 50% de la descendencia son machos lutinos (X^L X^L)
- El 50% de la descendencia son hembras lutino (X^L Y)

Cálculo de las mutaciones ligadas al sexo

Los machos pueden ser heterocigotos para varias mutaciones ligadas al sexo o mostrar visualmente una mutación y ser heterocigotos para hasta otras cuatro; mostrar visualmente dos o tres mutaciones y ser heterocigotos para una, etc. Las hembras pueden mostrar visualmente más de una mutación ligada al sexo (por ejemplo canela y perlada), pero no pueden ser heterocigotas para los colores ligados al sexo. En el caso de un macho heterocigoto para dos colores ligados al sexo, los genes mutantes pueden ser portados en el mismo cromosoma «X» o puede llevar uno en cada cromosoma. Cuando se hace una tabla de su posible descendencia, se deben hacer dos tablas para así cubrir todas las posibilidades.

Figura 24: ejemplo de un macho normal heterocigoto lutino y perlado × hembra normal (NLpl × NN)

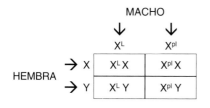

- $X^L X$ machos normales y heterocigotos lutinos
- $X^{pl} X$ machos normales y heterocigotos perlados
- $X^L Y$ hembras lutino
- $X^{pl} Y$ hembras perladas

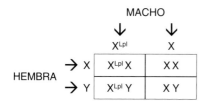

- $X^{Lpl} X$ machos normales y heterocigotos lutinos y perlados
- $X X$ machos normales
- $X^{Lpl} Y$ hembras lutino perladas
- $X Y$ hembras normales

Tal y como indican las tablas, hay ocho combinaciones genéticas distintas posibles a partir de este apareamiento. No obstante, todos los machos son visualmente normales, y es imposible decir cuáles son heterocigotos para los colores ligados al sexo. Así pues, todos los machos son descritos como posibles heterocigotos, pero las hembras son o mutaciones genéticas o visual y genéticamente normales. Si el macho también era heterocigoto para el color canela, deberían hacerse cuatro tablas para dar cabida a los genes heterocigotos del macho, que tendrían las siguientes combinaciones:

➤ $X^c X^{Lpl}$
➤ $X^{cL} X^{pl}$
➤ $X^{cpl} X^L$
➤ $X^{Lcpl} X$

Al aparear a cualquier pareja de aves, la mejor combinación posible es aquella entre una hembra con una mutación visual y un macho que, como mínimo, sea también heterocigoto para esa mutación. De este modo, toda la descendencia estará formada por mutaciones visuales o por heterocigotos claramente identificados. Esto mismo se aplica para las mutaciones múltiples. A continuación aparecen una serie de tablas que calculan la descendencia resultante de un macho heterocigoto múltiple y una hembra con múltiples mutaciones visuales:

73

Figura 25: ejemplo de un macho normal y heterocigoto lutino, canela y perlado × hembra lutino, canela y perlada (NLcpl × Lcpl)

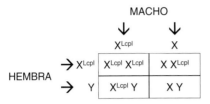

- X^{Lcpl} X^{Lcpl} machos lutino canela perlados
- X X^{Lcpl} machos normales heterocigotos lutino canela y perlado
- X^{Lcpl} Y hembras lutino canela perlado
- X Y hembras normales

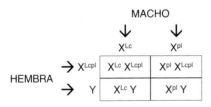

- X^{Lc} X^{Lcpl} machos lutino y heterocigotos canela y perlados
- X^{pl} X^{Lcpl} machos perlados y heterocigotos lutino y canela
- X^{Lc} Y hembras lutino canela
- X^{pl} Y hembras arlequinadas

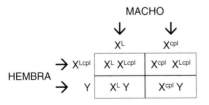

- X^{L} X^{Lcpl} machos lutino y heterocigoto canela y perlados
- X^{cpl} X^{Lcpl} machos perlados y canela y heterocigotos lutino
- X^{L} Y hembras lutino
- X^{cpl} Y hembras canela perladas

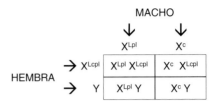

- X^{Lpl} X^{Lcpl} machos lutino perlados y heterocigotos canela
- X^{c} X^{Lcpl} machos canela y heterocigotos lutino y perlado
- X^{Lpl} Y hembras lutino perladas
- X^{c} Y hembras canelas

Cálculo de combinaciones entre mutaciones ligadas al sexo y autosómicas

¡Ahora llegamos a la parte difícil! Sin embargo no es tan amedrentador como pudiera parecer. En el caso de los machos, que pueden tener colores ligados al sexo que se muestran visualmente o ser heterocigotos para esos mismos colores, un ave también puede ser portadora de una mutación autosómica en otra pareja de cromosomas (alelo). Se tratará de una mutación visual que se añadirá a los colores ligados al sexo si el ave tiene un par de cromosomas coincidentes, o será heterocigota si sólo tiene un gen mutante. Un ejemplo obvio es el del perlado arlequinado, en el que los efectos de la mutación autosómica recesiva arlequinada y la mutación ligada al sexo perlada son visibles al mismo tiempo. Al calcular los resultados de las combinaciones entre los dos tipos de mutaciones, el principio es exactamente el mismo.

Todo lo que se necesita es incluir las mutaciones ligadas al sexo y las autosómicas en una misma tabla, haciendo tantas tablas como sean necesarias para cubrir las distintas posibilidades.

Figura 26: ejemplo de un macho normal y heterocigoto perlado y arlequinado × hembra perlada (Nplpd × plpl)

En este caso, he introducido un único gen autosómico mutante en un macho que sólo lleva un gen ligado al sexo. Éstos pueden heredarse juntos o por separado y, por tanto, son necesarias dos tablas para cubrir estas posibilidades.

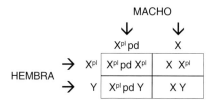

- X^{pl} pd X^{pl} machos perlados y heterocigotos arlequinados
- X X^{pl} machos normales y heterocigotos perlados
- X^{pl} pd Y hembras perladas y heterocigotas arlequinadas
- X Y hembras normales

MACHO
↓ ↓
X^{pl} X pd

| HEMBRA | → X^{pl} | X^{pl} X^{pl} | X pd X^{pl} |
| | → Y | X^{pl} Y | X pd Y |

- X^{pl} X^{pl} machos perlados
- X pd X^{pl} machos normales y heterocigotos perlados y arlequinados
- X^{pl} Y hembras perladas
- x pd Y hembras normales y heterocigotas perladas

Figura 27: macho normal y heterocigoto perlado y arlequinado × hembra perlada y heterocigota arlequinada
(Nplpd × plpd)

En este caso he introducido el mismo único gen autosómico en la hembra. Una vez más, los genes pueden heredarse juntos o por separado. En este caso son necesarias cuatro tablas para cubrir todas las posibilidades. En primer lugar muestro las tablas de las distintas combinaciones que pueden darse en el macho mientras la combinación de la hembra permanece constante.

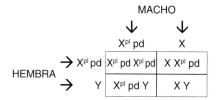

- X^{pl} pd X^{pl} pd machos perlados y heterocigotos arlequinados
- X X^{pl} pd machos normales y heterocigotos perlados
- X^{pl} pd Y hembras perladas y heterocigotas arlequinadas
- X Y hembras normales

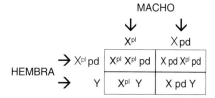

- X^{pl} X^{pl} pd machos perlados
- X pd X^{pl} pd machos normales y heterocigotos perlados y arlequinados
- X^{pl} Y hembras perladas
- X pd Y hembras normales y heterocigotas perladas

Luego haga una tabla de estas mismas combinaciones con cualquier otra posición en la que puedan estar dispuestos los genes autosómicos recesivos de la hembra.

Figura 28

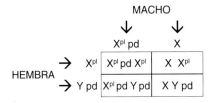

- X^{pl} pd X^{pl} machos perlados y heterocigotos arlequinados
- X X^{pl} machos normales y heterocigotos perlados
- X^{pl} pd Y pd hembras perladas y arlequinadas
- X Y pd hembras normales y heterocigotas arlequinadas

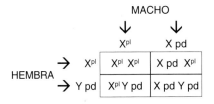

- X^{pl} X^{pl} machos perlados
- X pd X^{pl} machos normales y heterocigotos perlados y arlequinados
- X^{pl} Y pd hembras perladas y heterocigotas arlequinadas
- X pd Y pd hembras arlequinadas

En este caso, el arlequinado ha sido apartado del gen ligado al sexo y visible y ahora es heredado por su descendencia femenina. En el caso de las hembras, los genes ligados al sexo no pueden alterar su posición, ya que siempre son portados por el cromosoma «X». En este emparejamiento concreto, tanto la hembra como el macho son sólo heterocigotos para el gen autosómico recesivo «arlequinado». Como puede ver en las tablas, esto da como resultado aves perladas y visualmente normales, algunas heterocigotas arlequinadas y otras que no, y también algunos ejemplares visualmente arlequinados. Como suele ser imposible distinguir qué miembros de la descendencia han heredado el gen, todos los arlequinados que no muestren visualmente la mutación deben ser considerados «posibles heterocigotos arlequinados».

Se pueden analizar emparejamientos mucho más complicados de la misma manera para proporcionarle unos resultados reproductivos precisos. Gracias a la experiencia, puedo calcular los resultados de muchos emparejamientos sin tener que recurrir a un papel y un bolígrafo. En el caso de los emparejamientos complejos siempre sigo este método intentando así no pasar por alto ninguna posibilidad.

Introducción
a las mutaciones

La aparición de una nueva mutación en una especie es de interés para el criador experimentado y para el propietario novato de aves.

En la naturaleza, la mayoría de las mutaciones se dan espontáneamente, y los criadores especializados pueden lograr que una mutación alcance todo su potencial. La conservación de carolinas normales es una parte importante en la cría de mutaciones en esta especie. Creemos que unas carolinas mutantes de gran calidad no pueden desarrollarse y mantenerse sin criar también aves normales de gran calidad. Esto debería ser una parte natural e importante de todo programa reproductivo de un criador especializado.

Las mutaciones de las carolinas que se han asentado en Australia son los cambios en el patrón de coloración del plumaje «arlequinado» y «perlado», las supresiones de color «lutino» y «rostro blanco», las alteraciones de la melanina «canela» y «ante» y las diluciones grises de la melanina «plateado pastel» y «platino». Las hermosas mutaciones «plateada con lentejuelas» y «rostro amarillo» están siendo asentadas, pero no se dispone de ellas fácilmente. A medida que más y más gente se vaya implicando en la cría de las mutaciones de las carolinas, empezará a aparecer una variedad ilimitada de colores y patrones.

Las mutaciones de las carolinas se han podido ver en estado salvaje, y la gente se ha referido a ellas como carolinas de un color raro que habían observado en una bandada salvaje.

He confirmado, para satisfacción mía, que los factores genéticos para el lutino, perlado, arlequinado, canela, ante, pastel, plateado y factor oscuro derivan, en algunas aves, de las bandadas salvajes. El platino diluido se ha desarrollado a partir de aves salvajes capturadas. Las mutaciones llamativamente diferentes, como la lutino, en un animal salvaje sería improbable que sobrevivieran durante mucho tiempo, ya que estas aves serían un objetivo obvio para los depredadores, ya tengan plumas, garras o escopetas. Algunos de sus hermanos grises serían portadores de este factor de mutación.

George Smith, autor de la *Enciclopedia de las Carolinas,* estima que por lo menos el 25% de las aves de color normal que viven en estado salvaje en Australia son portadoras de una mutación enmascarada de algún tipo. Sería un interesante experimento si las autoridades relacionadas con la fauna salvaje permitieran la captura controlada de aves de más de una región aislada que pudieran aparearse en un programa reproductivo cuidadosamente documentado.

La elección de criar en pos de mutaciones conlleva la responsabilidad de conservar la encantadora carolina gris normal, tal y como la encontramos en la naturaleza. Es un mito que se necesite tener animales reproductores salvajes para mejorar cualquier parte de un programa de cría responsable.

Todas las aves que aparecen en este libro han sido fotografiadas por Diana Andersen en Australia Occidental. La mayoría de los ejemplares mostrados han sido criados por las autoras. Perth (en Australia Occidental) y Hobart (en Tasmania) tienen climas muy distintos. Con una buena planificación, los avicultores de cualquier parte del mundo pueden adaptar las prácticas de manejo y los alojamientos de las aves para colaborar con la Madre Naturaleza y los extremos de su clima.

Los nombres de las mutaciones y las descripciones de los colores suelen diferir entre Australia y otras regiones del mundo, como Europa, EE.UU. y Sudáfrica. Las carolinas son objeto de comercio libre entre distintas naciones, así que la mayoría de los avances reproductivos pueden ser rápida y legalmente compartidos entre los aficionados de diferentes países. Puede que algunos colores no estén disponibles en todos los países, pero es posible que se use un nombre distinto para otra variedad de aspecto parecido. Esto puede dar lugar a algunas comprensibles confusiones.

El único ave «plateada» que suele ser reconocida en el Reino Unido (UK) es el Plateado UK, el Plateado Dominante, el Diluido o el Plateado Dominante Diluido (nombres para la misma mutación).

Una de las preguntas que me hacen con más frecuencia en Australia es sobre esta ave Plateada UK y el Platino UK, que es la combinación visual entre el Plateado Dominante UK y el Rostro Blanco. El libro «Cacatúas Australianas» de Stan Sindel y Robert Lynn es una joya de información sobre nuestras cacatúas, incluyendo a las de menor tamaño: las carolinas. Sin embargo, es importante saber y recordar que las fotografías en color de las mutaciones de las carolinas que aparecen en esta obra no muestran a aves criadas en Australia. Las aves conocidas como plateadas o platino en el Reino Unido no son idénticas a las que tienen el mismo nombre en Australia: ni en cuanto a su aspecto ni en lo concerniente a su herencia genética.

La mayoría de la literatura de otros países dice que el Plateado Dominante UK produce una descendencia que sigue un patrón reproductivo dominante. Se dice que esta mutación es fácil de obtener debido a lo sencilla que resulta la reproducción de un factor dominante. Es decir: un ave con dos genes para un color, sea del sexo que sea, emparejada con un ave gris dará lugar a ejemplares que sólo tendrán un gen para ese color. Un ave con un solo gen para un color apareada con un ave normal dará lugar a algunos descendientes con un gen para ese color y a aves que tendrán un aspecto normal (gris). Ninguna de las aves grises debería ser heterocigota y, por tanto, NO serán portadoras del gen mutante ni lo transmitirán a las futuras generaciones. Otros libros se refieren a esta interesante mutación diciendo que es autosómica y con dominancia incompleta. Es similar al efecto que tienen los factores oscuros sobre la coloración. Es acumulativo y aparece si hay uno o dos genes presentes, pero la expresión visual no es tan precisa. Los resultados reproductivos no serían tan predecibles como con la primera explicación.

La estirpe de aves australianas que tiene un aspecto muy similar a los ejemplares del Reino Unido no han concordado con las descripciones de una herencia autosómica dominante completa.

Muchas de las publicaciones más recientes muestran ahora fotografías idénticas o similares, a veces con pies de fotografías erróneos en cuanto al sexo o a la identificación de la mutación. Al comparar los varios artículos, es sorprendente la diferencia de las tonalidades de color en las distintas publicaciones. Ninguna fotografía puede reemplazar el ver en vivo a un determinado ejemplar o una mutación.

El amarillo «pálido» o «ranúnculo» es el amarillo oscuro o muy difundido para otra persona. No uso los términos ranúnculo, pálido ni dorado. ¿Son los ranúnculos que florecen en primavera en Estados Unidos distintos a los ingleses? ¿Hay ranúnculos en Australia? ¿Un ave que tuviera el nombre de perlado o arlequinado Hibbertia haría que se formara una imagen de un hermoso color amarillo?

Siempre hemos criado selectivamente para obtener más amarillo, escogiendo para los futuros cruces a aquellos polluelos con la coloración amarilla más viva en el plumón y el amarillo más llamativo en sus plumas prejuveniles. La difusión amarilla es tan fuerte en algunas de nuestras estirpes que puede restar apariencia a algunas mutaciones, como la plateada pastel, y provoca un tono verde oliva en algunas otras variedades, incluyendo la normal.

Si los criadores australianos usaran como referencia el estándar de color del gobierno australiano, esto nos daría por lo menos una base para ir avanzando al intentar describir un color o un patrón de coloración concretos. Estos términos selectivos se usan más en marketing que en la cría y a veces son una buena excusa para subir los precios. La mayoría de mis descripciones y combinaciones de nombres implican sólo la herencia genética.

Arlequinado

Una definición del arlequinado es la alteración o interrupción de la coloración normal en zonas al azar, en contraste con la modificación del patrón de coloración en forma de festoneado, como sucede en el perlado. Éste afecta a la mayoría de las plumas del cuerpo. Un ave puede ser arlequinada si tiene una superficie tan mínima como una uña que no tenga el color normal.

Hago hincapié en la evaluación de cada ejemplar, ya que si uno habla de aves que normalmente tienen las uñas negras, como las perladas, las de rostro blanco o las de rostro amarillo, la aparición de una uña no coloreada sería un signo sospechoso de que el ave puede ser portadora de un gen para el arlequinado. Si se habla de un cambio de coloración lutino, canela, platino o ante, lo normal es que todas las uñas carecieran de color o que éste fuera claro, así que una uña de color oscuro sería indicativa de que esta ave podría ser portadora de un gen para el arlequinado.

Las aves de color claro y las muy arlequinadas suelen confundirse con las lutino, o se les puede dar el nombre de «arlequinadas lutino». Si necesita estar seguro sobre si un cierto ejemplar es arlequinado o lutino, observe detenidamente sus ojos con una luz potente. Un arlequinado no tendrá los ojos rojos ni de color rubí, y un lutino (sea del tipo que sea) los tendrá rojos, o a veces un ojo grisáceo con un círculo de color más claro. Los puntitos en las alas y el barrado en la cola rara vez aparecerán (si es que aparecen alguna vez) en un arlequinado. Los

Macho joven arlequinado (inverso) perlado con manchas muy marcadas.

Pareja arlequinada (inversa) con manchas muy marcadas. Las hembras tienden a tener una coloración amarilla más oscura.

arlequinados lutino son tan fáciles de obtener como los arlequinados perlados, pero sólo los criadores con unos registros genéticos bien llevados y apoyados por el anillado y los apareamientos planeados pueden producir un arlequinado lutino con todas las garantías.

El factor arlequinado parece potenciar el color amarillo en nuestras aves, incluso en el caso de un arlequinado con dos genes o un solo gen para este patrón de coloración que, de otro modo tendrían un aspecto normal, pero en los que hay una difusión sorprendentemente abundante del color amarillo. El emparejamiento selectivo puede hacer que se transmita la potenciación del amarillo de las familias arlequinadas a las otras mutaciones sin que muestren el patrón arlequinado.

La alteración del patrón de coloración propia del arlequinado es una de las mutaciones más populares. La falta de un patrón regular y equilibrado forma parte de la definición del arlequinado. Sin embargo, la cría selectiva ha demostrado que, mediante la elección constante de parejas reproductoras que tengan las manchas deseadas, se obtendrán ejemplares con un patrón arlequinado bien definido. Prefiero que un ave arlequinada tenga alrededor de un 75% de color amarillo o de tonalidades blanquecinas y el 25% restante del cuerpo del color elegido. Estas aves suelen recibir el nombre de «arlequinadas invertidas», que es un término que yo no uso. El arlequinado canela es una hermosa combinación entre cambios de color y de patrón de la coloración, especialmente si hay un buen equilibrio entre las manchas corporales.

Nosotras criamos específicamente en pos de arlequinados con el rostro de color claro. Un arlequinado de rostro claro es, sencillamente, un ave arlequinada, independientemente de su sexo, que no muestra un color basado en la melanina en el rostro. El color marrón, gris, plateado diluido o el platino no interfieren en el rostro normal de la carolina. La presencia de manchas en la mejilla no se ve interrumpida por el factor arlequinado, y el color anaranjado puede tener una gran extensión y ser muy vivo en cualquiera de los dos sexos.

El tamaño y el color de las manchas de las mejillas, lo oscuro de la coloración corporal y la presencia o ausencia de manchitas en la parte inferior de las alas o de la cola puede ser usada como indicador del

Macho arlequinado (inverso) de rostro claro con manchas muy marcadas.

sexo del ejemplar en cuestión... EXCEPTO en el caso de los arlequinados. La interrupción al azar de los patrones de coloración normal de las plumas interfieren en la mayoría de los métodos tradicionales de los que se dispone para intentar determinar el sexo.

La paciencia y la observación por parte del criador suponen una de las formas más seguras y precisas de determinar el sexo de los ejemplares arlequinados.

Si quiere tener una buena pareja de aves arlequinadas, será buena idea que haga un encargo en firme a un criador en el que confíe, y le tocará esperar. Si intenta arriesgarse y elegir una pareja de un macho y una hembra, de entre un grupo de aves jóvenes, alineadas sobre una percha con las plumas recogidas por los nervios y mientras sus ojitos vivos ven cómo usted las observa, tendrá el 50% de posibilidades de obtener una verdadera pareja. Se trata del mismo porcentaje de posibilidades que con el método del hueso pélvico en las aves jóvenes, que si lo echara a suertes o a los dados, o que si usara un método que realmente me saca de quicio: «Esta ave pica más fuerte y grita más que las otras, así que debe ser una hembra».

Combinaciones entre mutaciones

El arlequinado combina bien con el gris normal y con los cambios de color canela, lutino, platino, plateado pastel, rostro blanco y rostro amarillo. He visto hermosos ejemplares arlequinados ante, pero las aves ante que tengo no tendrían la suficiente fuerza, virilidad y talla como para ser apareadas con aves arlequinadas. La genética del plateado con lentejuelas no se comprende todavía en su totalidad como para combinarla, en la actualidad, con otras mutaciones.

El arlequinado se hereda de forma autosómica recesiva. También se cree que tiene una dominancia parcial, ya que muchas aves que sólo tienen un progenitor arlequinado muestran una mancha o un ligero patrón arlequinado. Para la mayoría de nosotros es suficiente saber que ambos progenitores deben portar el factor arlequinado para producir una descen-

dencia arlequinada bien definida que poder admirar en nuestros aviarios. Tanto los machos como las hembras pueden ser arlequinados homocigotos o heterocigotos y, aunque quizás no muestren este patrón de coloración de forma obvia, pueden transmitir la capacidad de producir ejemplares arlequinados a las futuras generaciones.

Se puede identificar a un arlequinado en el nido tan pronto como sus plumas alfiler empiezan a salir, alrededor de los siete días de vida. El penacho de plumas alfiler de los polluelos arlequinados es de un color amarillo vivo en todos los ejemplares, excepto en los arlequinados de rostro blanco. Los polluelos tendrán unos ojos de un color normal para la coloración del ave. El factor arlequinado sólo afecta al plumaje, y no altera el color de los ojos, por lo que los arlequinados normales tendrán los ojos oscuros, y los arlequinados canela los tendrán de color ciruela. Los pies, las patas y las uñas suelen carecer de coloración, ya que el arlequinado afecta a estas zonas, pero los ejemplares canela, platino, ante y plateado normalmente tendrán las patas y las uñas de un color claro, además de los cambios que pueda provocar el arlequinado. Quizás se encuentre con un dedo oscuro o una raya oscura en el pico como resultado del efecto de coloración al azar del arlequinado.

El patrón de cambios de coloración ligado al sexo propio del perlado fue combinado con el patrón de cambio de coloración autosómico recesivo del arlequinado poco después de la aparición de ejemplares perlados en la República Federal Alemana, alrededor del año

1967. El doble cambio en el patrón de coloración suele ser muy atractivo. Esta combinación de modificaciones en el patrón de coloración puede añadirse a uno o más de los cambios en el color para así obtener toda una serie de aves interesantes y hermosas. Todos los colores normales y los mutantes alcanzan la plenitud de su potencial de color cuando el ave es totalmente madura, alrededor de los tres años de vida. Los colores más delicados, como el arlequinado platino y el arlequinado perlado lutino canela, deben alcanzar la madurez para poder apreciarlos plenamente.

El arlequinado fue una de las primeras mutaciones en ser desarrollada en su plenitud y se suele reportar que apareció en California alrededor de 1949.

He criado, a partir de carolinas salvajes capturadas, polluelos que muestran manchas de tipo arlequinado, en forma de puntos de tamaño variable, generalmente en la cabeza y el cuello, además de un moteado en los pies y las uñas, que carecen de color. Ninguno de los progenitores mostraba signos aparentes de arlequinado. Esta pareja en concreto produjo 22 polluelos a lo largo de tres años. Ninguno de éstos era perlado. No obstante, cuando apareé a uno de sus hijos que era de los que tenía más manchas de tipo arlequinado con una hembra normal, produjeron una hembra perlada por nidada. Algunos de sus hijos demostraron ser portadores y transmitir los patrones arlequinado y perlado. Todavía conservo a este macho. Creo que el perlado que confiere a sus hijas es ligeramente distinto al del resto de patrones perlados de los que disponemos. El control genético de esta familia parece ser inestable en cuanto a la herencia del patrón normal del plumaje en las carolinas. No hago cruces retrógrados (es decir, aparear a una hija con un padre), pero cuando emparejo a los machos con hembras normales puras con las que no tienen ningún parentesco, obtengo parejas adecuadas que pueden, todavía, sorprenderme con más cambios. Al principio había esperado que el arlequinado australiano pudiera dar lugar a un patrón significativamente distinto, pero no ha resultado ser así.

Si la encantadora carolina hubiera estado de moda como ave de aviario interesante, estas dos mutaciones habrían sido desarrolladas hace tiempo a partir de ejemplares que siempre hemos tenido, literalmente, en nuestra propia casa.

Lutino

La carolina lutino no puede producir melanina gris en ningún lugar de su cuerpo. La visible coloración blanca, crema y amarilla tan apreciada en todo el mundo consiste en la difusión en profundidad del color amarillo, que se ve enmascarada por la melanina gris cuando el ave es, visualmente, de color gris normal. Si uno cría selectivamente aves normales para que tengan una mayor difusión del color amarillo, las aves lutino criadas a partir de esas familias serán cada vez más amarillas.

Esta mutación del color ligada al sexo varía, en su coloración, desde un tono blanquecino pálido hasta un amarillo bastante vivo. Los ejemplares más amarillos suelen ser una combinación de lutino, perlado y arlequinado, y tienen una gran difusión de color amarillo.

Las hembras lutino suelen mostrar más amarillo y naranja que los machos al alcanzar la edad adulta. Todos los machos adquieren una capa de color oscuro al alcanzar la madurez sexual. Como el factor lutino borra la melanina gris, la capa extra de color se muestra en forma de una sombra que podríamos describir como malva o lavanda pálido, o como una capa «sucia» en el dorso, hombro y alas del macho. Esta capa de color potencia el barrado blanco de las alas, que parece inusualmente blanco, pero el efecto es provocado por el contraste entre los colores.

Hembra lutino perlada.

Macho lutino.

Las plumas largas de la cola (timoneras) y las remeras o rémiges primarias suelen ser de un tono amarillo más claro que el resto del cuerpo. El barrado blanco de las alas suele conservarse, aunque esto no es algo obvio, y pueden tener rayas amarillas en los ejemplares de coloración más viva. La pérdida de la coloración gris desenmascara la encendida mancha anaranjada de las mejillas y el penacho amarillo en ambos sexos. La variación respecto al tamaño y el color de las manchas de la mejilla en aves concretas es normal y no está relacionado con el sexo del ejemplar. El pico, la cera, los pies y las uñas son blancuzcas o de un tono rosado como efecto de la sangre y las venas subyacentes.

Las parejas pueden ser emparejadas de modo que podamos conocer el sexo de los polluelos en cuanto nazcan. El emparejamiento de un macho lutino con una hembra no lutino dará lugar a hembras lutino de ojos rojos y a machos grises de ojos oscuros, portadores del factor lutino y de cualquier otro factor que la hembra pueda tener en su genoma.

Los polluelos recién eclosionados tienen los ojos rojos y el plumón amarillo. Los lutino tienen los ojos de color rubí oscuro, que a veces, al alcanzar la madurez, se confunden con unos ojos negros y, en ocasiones, sus ojos se vuelven grises y tienen un círculo ocular visible. Esto no tiene ningún efecto sobre su capacidad visual. Los lutinos se ven afectados por la luz solar intensa, al igual que se vería afectada una persona con los ojos de color azul muy claro. Como las aves no pueden llevar gafas de sol, proporcionarles una cobertura en la parte superior del aviario que les dé sombra en las regiones en las que la luz del sol es muy fuerte les supondrá un alivio.

La falta de color gris debería ser la principal diferencia entre los buenos ejemplares lutino y las buenas aves normales. Los lutino bien criados son tan grandes, sanos, fértiles y con una buena conformación como cualquier otra carolina de buena calidad. No todos ellos son nerviosos y no hay razón por la que no debieran tener la cabeza con su plumaje completo. Los rasgos no deseables, como la cabeza parcialmente calva, han sido introducidos en algunas estirpes debido a la consanguinidad, en los primeros tiempos, para incrementar el número de ejemplares. La cría selectiva podría controlar y acabar por eliminar este defecto.

La primera pareja de carolinas que apareé consistía en un macho lutino y una hembra gris, y eso fue en 1982. Todavía conservo uno de los machos grises y heterocigoto lutino de esa primera nidada, y cada año en que le dejo reproducirse produce unos excelentes polluelos.

Nunca he apareado a un lutino con un lutino, aunque no veo razón para no hacerlo, siempre que ambos progenitores posean las cualidades necesarias. Suelo criar aves heterocigotas para una mutación con aves con la mutación visible en generaciones alternas. En el caso de las mutaciones ligadas al sexo, emparejo a machos lutinos, perlados, canela o

Macho lutino y hembra heterocigota de rostro blanco y arlequinada

platino con hembras normales puras y a machos heterocigotos con hembras mutantes. Creo que este método hace que se conserve una mayor coloración y tamaño en mis ejemplares.

Escojo a los lutino que serán futuros reproductores según lo encendido del color amarillo de su plumón y la cantidad de plumas alfiler en la cabeza. Anoto estos comentarios en sus registros de cría y luego espero, antes de tomar una decisión final, para ver qué aspecto tienen cuando han superado los seis meses de vida. Si un criador no tiene la disposición o es incapaz de hacer inspecciones en el nido, estos detalles pasarán inadvertidos. Después de que los polluelos abandonen

Hembra lutino perlada arlequinada.

el nido, estas cualidades, que mejorarían la calidad de los polluelos que nazcan al año siguiente, quedarán ocultas.

El sexaje rápido y correcto de los ejemplares lutino puede suponer todo un reto. Si tiene la suerte de observar a una pareja madura de carolinas lutino para adquirirlas, hay muchos detalles que pueden orientarle sobre su sexo. Desde una cierta distancia, los machos maduros tendrán un cuerpo más esbelto y estarán más erguidos sobre la percha. Las hembras tendrán un aspecto más relleno y, al estar relajadas, se sentirán menos erguidas sobre la percha.

Los machos maduros generalmente serán menos amarillos que las hembras. Si puede examinar a las aves de cerca, las hembras mostrarán un barrado amarillo en las plumas inferiores de la cola y puntos amarillos en las plumas inferiores de las alas, y los machos no tendrán ninguna de estas características. Los machos deberían tener una capa de este color en los hombros y las alas. Se trata de un color suave y que varía con la edad y la virilidad, así que si la iluminación no es buena, podría pasarnos por alto.

Las manchas anaranjadas de las mejillas pueden ser grandes y muy coloridas en cualquiera de los dos sexos, y no suponen una guía para determinar el sexo del ave. El comportamiento típico de cada sexo es algo que puede resultar muy preciso si cooperan mientras los observa.

El método del hueso pélvico no es preciso, a no ser que su posible hembra sea lo suficientemente madura como para poner huevos. Si se asusta ante la posibilidad de ser cogida, volteada y examinada, tensará los huesos pélvicos acercándolos entre sí y parecerá más bien ser un macho que una hembra.

Combinaciones entre mutaciones

El lutino combinado con la mutación perlada da como resultado el típico cuerpo crema y amarillo resaltado con un festoneado de color amarillo más oscuro allá donde debería aparecer el patrón perlado. Si la estirpe perlada tiene unas manchas muy notorias y un color amarillo muy vivo, el lutino perlado resultante será un ave más amarilla. Si el factor perlado no tiene manchas muy marcadas, el perlado quizás sólo sea ligeramente visible sobre el cuerpo lutino.

Cuando los machos lutino perlados maduran, el perlado ya no es visible. Los lutino perlados reciben a veces el nombre de «dorados perlados», lo que no supone un nombre muy preciso, aunque es descriptivo. El nombre «lutino perlado» describe claramente su estatus genético.

El lutino y el arlequinado pueden combinarse. Uso dos aves que son visiblemente arlequinadas o dos que lo sean con total seguridad. Una posible pareja podría consistir en un macho arlequinado y homocigoto lutino y una hembra arlequinada. Todos los polluelos serán arlequinados y cualquier lutino será, con total seguridad, una hembra lutino arlequinada. Otro cruce efectivo consistiría en un macho arlequinado y heterocigoto lutino con una hembra arlequinada lutino. Todos los polluelos serán arlequinados, y esta pareja producirá machos y hembras arlequinados lutinos.

Joven lutino canela de rostro blanco.

La combinación entre lutino, perlado y arlequinado es incluso más hermosa y suele ser la que da lugar a los ejemplares más amarillos: los lutino perlados arlequinados. Un macho perlado arlequinado y heterocigoto lutino apareado con una hembra arlequinada daría lugar a hembras lutino perladas arlequinadas. Mientras ambos progenitores sean arlequinados toda la descendencia será arlequinada, independientemente de cuantos factores ligados al sexo estén incluidos. Cuando la mutación de rostro amarillo se combina con estas multimutaciones el resultado debería ser un color más dorado.

Los criadores de carolinas de Europa creían que el canela y el lutino no podían combinarse visualmente. Se creía que el lutino hacía desaparecer toda la melanina. Nuestros resultados de cría han demostrado que el efecto lutino elimina la melanina gris, pero no la marrón. El canela australiano es visible sobre el cuerpo lutino y proporciona otro delicado color. Los lutino canela tienen el típico cuerpo lutino de color crema, blanco y amarillo con las plumas remeras primarias y las timoneras con tonos de color canela. El color canela tiene suprimidos los tonos grises, así que queda un tomo marrón y más cálido. Este color va haciéndose más profundo hasta que el ave cumple, más o menos, los tres años de vida.

El canela lutino es incluso más hermoso cuando se añade el perlado. Los

Joven lutino canela perlado.

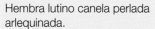
Hembra lutino canela perlada arlequinada.

perlados tienen un color amarillo más oscuro sobre el cuerpo lutino de color blanco, crema y amarillo, y aparece un color canela (con rayas de color gris) en los bordes del perlado amarillo. Un lutino canela perlado combina dos cambios de color y un cambio en el patrón de coloración.

Añadir el arlequinado a un lutino canela perlado potenciará todavía más el amarillo. Aparear a un macho canela arlequinado y heterocigoto perlado y lutino con una hembra canela arlequinada dará como resultado algunas hembras lutino canela perladas arlequinadas, que es una combinación entre dos cambios de color y dos transformaciones en el patrón de coloración.

Todos los polluelos serán, por lo menos, canela arlequinados, y también aparecerán algunas hembras canela perladas arlequinadas. Si se tiene la suerte suficiente para cruzar un macho canela perlado arlequinado y heterocigoto lutino con una hembra canela perlada arlequinada, todos los polluelos serán canela perlados arlequinados y cualquiera que sea lutino será una hembra.

La cría al unísono de las dos mutaciones ligadas al sexo lutino y platino resulta inadecuada por razones que detallaré al describir el platino.

El lutino y el rostro blanco dan lugar a un ave muy atractiva. Recibe el nombre de albino, pero a la hora de pensar en los resultados de los apareamientos se debe recordar que se trata, sencillamente, de una mutación múltiple. Las hembras no pueden ser heterocigotas lutino ni albino. Los machos no pueden ser heterocigotos albino. Los machos grises pueden ser heterocigotos de rostro blanco y lutino, pero estos factores están presentes en genes distintos y no siempre se transmitirán a la descendencia en la misma fertilización. Los machos de rostro blanco y heterocigotos lutino apareados con una hembra homocigota o heterocigota de rostro blanco darán lugar a un cierto porcentaje de hembras de rostro blanco lutino o albinas. Los machos de rostro blanco con factores lutino y canela darán lugar a ejemplares de rostro blanco lutinos y canela o albinos canela al aparearse con hembras de rostro blanco o heterocigotas para el rostro blanco.

El lutino combinado con el plateado pastel no es efectivo, ya que no podría aparecer melanina gris en el cuerpo. El color que podría verse es el tono marrón que queda en el plateado pastel diluido.

La combinación entre el lutino y el plateado con lentejuelas resultaría inadecuada por la misma razón.

El lutino y el rostro amarillo deberían dar lugar a aves todavía más amarillas.

La mutación lutino creó una gran sensación cuando sucedió en Florida en 1958, y se difundió rápidamente por todo el mundo a partir de este apareamiento inicial. En la literatura anterior a esta época recibía el nombre de albino. Esto era incorrecto, ya que el ave conserva la mancha anaranjada de las mejillas y tonos variables de amarillo.

Perlado

El perlado es un patrón de coloración del plumaje que puede combinarse fácilmente con cualquier cambio de color. Se hereda de forma recesiva y ligada al sexo. Los machos pueden transmitir esta mutación siendo heterocigotos y no mostrando el rasgo, pero las hembras son visiblemente perladas. Una hembra poseedora de una mutación ligada al sexo nunca puede ser heterocigota para ese factor ligado al sexo.

Plumas concretas por todo o la mayor parte del cuerpo de un ave perlada se ven afectadas por una falta de color en forma de un patrón uniforme, que es muy distinto del de las zonas grandes y al azar de color o de falta de color que caracterizan al patrón de coloración del plumaje de un ave arlequinada. Este tipo de patrón provoca que las plumas parezcan festoneadas. Las plumas pueden tener una coloración y unos bordes de tonalidad amarilla o ser principalmente amarillas y tener un borde del mismo color que el gris corporal o de uno o más de los colores mutantes. Un ejemplo de esto sería el lutino canela perlado, en el que el factor lutino elimina cualquier rastro de color gris y cualquier tono canela que quede tiene un perlado amarillo sobre el dorso y los hombros. Las plumas remeras y las timoneras centrales mostrarán también el color canela, especialmente cuando el ave en cuestión haya alcanzado su plena madurez.

Macho perlado ribeteado (casi todo el perlado ha mudado).

Hembra perlada con un ribeteado muy marcado.

La mutación perlada no puede identificarse en el nido hasta que el polluelo llega a la etapa en que le salen las plumas alfiler. Éstas tendrán un aspecto punteado o rayado antes de que las plumas salgan de su cobertura. El penacho sale de la cabeza con un color normal para la variedad implicada y los ojos son de un color corriente para el color que ahora está perlado. Por ejemplo, un ave canela perlada tendría los ojos de color cereza y las plumas alfiler del penacho de color marrón amarillento; un lutino perlado tendrá los ojos muy rojos y las plumas alfiler del penacho amarillas; los ejemplares de rostro blanco y los perlados normales tienen los ojos oscuros y las plumas alfiler de color oscuro.

Tras abandonar el nido, las patas y los pies tienen una tonalidad rosada con una capa gris por encima. Algunas estirpes tienen los pies bastante rosados, pero las uñas siempre son de color gris claro en un ejemplar gris normal perlado.

El efecto del perlado afecta a las diminutas plumas faciales, con lo que aparece una menor cantidad del color corporal en el rostro de las hembras. Esto permite que la difusión amarilla subyacente sea más visible y que algunas hembras tengan, principalmente, el rostro amarillo. Este amarillo facial no es tan vivo como en los machos maduros. Las hembras tienen, además, un barrado amarillo en las plumas inferiores de la cola y puntos amarillos en la parte interna de las alas.

Ambos sexos pueden mostrar cantidades iguales de perlado cuando son jóvenes. A medida que los machos maduran, su perlado se ve parcialmente cubierto por el aumento de melanina. Si tiene un perlado muy marcado de joven, un macho conservará trazas de perlado en los hombros y el pecho cuando sea plenamente maduro. Si su perlado es ligero, el incremento de la melanina a medida que se aproxime a la madurez enmascarará completamente las manchas. Los machos no pierden el perlado, sino que las manchas se ven, sencillamente, cubiertas por la melanina necesaria que indica su madurez sexual. Cuando los machos perlados sean viejos o estén tan enfermos que no produzcan hormonas sexuales, su perlado volverá a hacerse más visible.

Me han dicho muchas veces que un macho adulto perlado tiene un aspecto idéntico al de una carolina gris normal. Creo que una observación cuidadosa

Hembra canela perlada arlequinada.

permitiría que descubriéramos por lo menos un patrón de coloración sombreado regular de color gris claro y oscuro sobre el dorso y los hombros de los machos adultos.

Nos hemos encontrado con que muchos de los machos que conservan su patrón perlado al llegar a la madurez no han desarrollado ningún interés por la cría. Tengo la teoría de que nunca se han desarrollado sexualmente porque las hembras de distintas edades y grados de experiencia les ignoran e incluso preferirán a un macho inmaduro.

Los machos maduros conservarán una mayor parte de su perlado visible al combinarlo con el cambio en el patrón de coloración propio del arlequinado. No tengo duda de que, un día, se asentarán en Australia carolinas perladas que muestren su patrón perlado a lo largo de toda su vida adulta reproductiva. Las publicaciones de organizaciones avícolas de otros países sugieren que la cría selectiva ha fijado el patrón perlado en algunas líneas genéticas.

Creo que existen varias versiones del perlado y que han sido combinadas inadvertidamente. Durante la estación reproductiva de 1993-1994, obtuve algunos ejemplares perlados con un perlado similar a líneas finas hechas con lápiz. He criado perlados que sólo tenían la coloración en el cañón de la pluma, adquiriendo la coloración en los bordes de las plumas al llegar a la madurez.

Combinaciones entre mutaciones

La mutación perlada puede combinarse fácilmente con cualquier mutación de color o del patrón de coloración. No recomiendo la incorporación del perlado en los grises con lentejuelas. Esta variedad parece combinar un cambio en el patrón de coloración del plumaje y un cambio de color en una única mutación, y la mezcla del perlado en esta nueva transformación no haría sino añadir confusión. El perlado arlequinado (dos patrones de coloración del plumaje), el perlado canela, el perlado lutino, el perlado plateado pastel, el perlado de rostro blanco, el perlado de rostro amarillo y el perlado ante son ejemplares muy atractivos.

Las aves perladas que tienen unas plumas con más tonos amarillos reciben el nombre de «perlados dorados», que se define por una gran difusión de color amarillo que puede afectar a cualquier variedad de carolina.

Los perlados con menos amarillo y un mayor contraste blanco en el cuerpo son llamados a veces «perlados plateados». Esto siempre es incorrecto, a no ser que se refiera a una combinación entre el plateado pastel y el perlado, que siempre es un ave muy hermosa, pero todavía más cuando se combina con un patrón perlado muy acusado y una fuerte difusión amarilla.

Las aves con un perlado notable que afecta a la mayoría de las plumas corporales reciben a veces el nombre de «ribeteadas». ¿Cuándo se convierte un ave perlada en una ribeteada? Éste es otro término subjetivo, pero también muy descriptivo, ya que un perlado muy marcado muestra un patrón del plumaje delicado y ribeteado (como de encaje). El término «perlado ribeteado» parece ser idóneo. Un ejemplar excelente de un ave muy amarilla y con un perlado muy pronunciado puede hacer que el ave sea más cara, pero tanto el vendedor como el comprador deberían ser conscientes de que se trata, simplemente, de una versión atractiva del perlado.

Lo principal que la mayoría de los nombres anteriores tienen en común es la posibilidad de que pueda parecer más apetecible observar (y comprar) a un ejemplar que a otro. Sólo la observación en persona por parte del comprador puede determinar si un ave concreta se adapta a la imagen mental que desea. Los términos comerciales son de utilidad para las ventas, pero pocas veces hacen referencia a la base genética. Los nada imaginativos pero genéticamente sinceros nombres de perlado lutino, perlado canela, perlado platino, perlado plateado o perlado de rostro blanco deberían decirle, sencillamente, al comprador, que los ejemplares en cuestión muestran una combinación de cambios en el patrón de coloración y un cambio de color. Todas estas combinaciones de mutaciones deberían tener una conformación igualmente buena, ser fuertes y fértiles.

El patrón perlado suele aportar una mejor calidad del plumaje a otras variedades al aparearlas entre sí. Incluso las aves que no muestran perlado, como una hembra normal obtenida de un padre heterocigoto perlado, puede mostrar un tipo de penacho «coronado», típico de las aves perladas. Uso regularmente líneas perladas para mejorar el plumaje de la cabeza en cualquier familia.

La mayoría de las fuentes creen que esta mutación se vio por primea vez en 1967 en la República Federal Alemana. Seguro que la hubiéramos obtenido de nuestras carolinas australianas si alguien hubiera tenido interés. En el capítulo sobre el arlequinado incluyo una descripción sobre las aves perladas nacidas espontáneamente de animales procedentes de aves salvajes.

Canela

Las carolinas canela que ahora encontramos fácilmente en Australia fueron vistas por vez primera en la zona de zarzas que hay cerca de Kalgoorlie (Australia Occidental). Jeanette Hickford obtuvo una de las aves grises de segunda generación y asentó el muy deseado color canela hacia 1984. Han demostrado ser unas aves con una mutación recesiva ligada al sexo normalmente fuertes y fértiles, sin ninguno de los problemas frecuentemente asociados con las nuevas variedades. Los machos pueden ser heterocigotos para la mutación canela, pero una hembra nunca podrá ser heterocigota para este rasgo o ser portadora del mismo, ya que el canela siempre será visible.

La información que aparece en la publicación «Cacatúas Australianas» sobre la variedad canela de Australia Occidental, que se originó a partir de una hembra lutino y un macho de coloración normal, creo que ha sido confundida con el origen del Plateado Dominante australiano (véase el plateado con lentejuelas). Los primeros registros de cría de carolinas canela de los que se tiene constancia proceden de Bélgica a finales de la década de 1960.

La coloración canela de las carolinas está provocada por la alteración de los gránulos de melanina, que dan lugar a un color marrón suave o fuego. Esta alteración de la melanina suprime o diluye los tonos grises que se mezclan para provocar un efecto de color general beige o ante. La intensidad del tono marrón varía entre las aves de la misma familia. El color canela se ve enormemente afectado por la edad del ave, su sexo y su estado físico. Lo más probable es que las aves estén en su punto álgido en cuanto a su aspecto y coloración cuando tengan unos tres años, tras la muda anual. Si cree que sus polluelos son bonitos, espere a que crezcan.

Si las aves reciben una luz solar intensa durante la parte intermedia del día, algunos tonos marrones se irán borrando. El estrés propio de la reproducción y de una nutrición insuficiente también afectarán a la intensidad del color. El marmoleado, que consiste en un sombreado de color marrón oscuro claro y crema, es provocado por una deficiencia en la dieta o un transtorno de la salud de algún tipo. No se trata de un rasgo heredado. El marmoleado se considera como una falta en el caso de los ejemplares de concurso.

La difusión amarilla subyacente típica es más visible a través de la melanina alterada por el rasgo canela que en las

Hembra canela.

Macho canela arlequinado.

aves grises. Esto se hace aparente en el tórax, el abdomen y en cualquier otra zona que normalmente tendría color amarillo en el plumaje. El contraste entre el beige canela y la difusión amarilla pronunciada es muy atractiva, especialmente si se combina con el cambio en el patrón de coloración propio del arlequinado.

Los ejemplares canela que acaban de eclosionar pueden identificarse en el nido, ya que tiene unos ojos de color ciruela muy obvios que cambian de tonalidad hasta acabar siendo de una coloración marrón oscura normal hacia las dos semanas de vida. Las plumas del penacho salen a través de la piel siendo de color limón. Los pies y las patas de los ejemplares canela son beige pálidos y con las uñas de color marrón claro.

Los machos y las hembras son idénticos mientras son jóvenes. La melanina canela no enmascara al amarillo tanto como el gris, así que podemos ver más color amarillo en el rostro de las hembras. Para cuando tienen por lo menos cuatro meses de vida, los machos empiezan a mostrar un rayado amarillo en el rostro y practicarán una serenata de cortejo mientras su voz va cambiando. La mayoría de los machos (y algunas hembras) jóvenes intentarán cantar a una edad mucho más temprana, pero sorprenderles mientras lo están haciendo puede ser difícil.

Muchas veces me he puesto de puntillas tras un muro para ver qué ave esta-

Macho arlequinado y hembra canela perlada arlequinada.

Hembra canela.

ba cantando, para encontrarme con que había veinte pares de ojos brillantes y jóvenes mirándome, todos ellos disimulando el haber sido el ave que cantaba. Tras haberme equivocado en algunos casos en la determinación del sexo, ahora no confío en que un ave joven sea un macho hasta que la vea elevar los hombros para exhibirse. He tenido varias hembras jóvenes talentosas para el canto como para engañar a cualquiera. No obstante no siguen mejorando su canto tanto como los machos.

Al llegar a la madurez, los machos desarrollan su típico rostro amarillo, y los tonos grises adicionales enmascaran parcialmente las sombras marrones y amarillas sobre el cuerpo. La madurez sexual provoca la aparición de una capa gris más oscura en los machos. Este efecto se da en los machos canela, ante, plateado pastel, lutino, platino, plateado con lentejuelas, perlado, de rostro blanco, de rostro amarillo y normales. Los machos arlequinados no muestran este efecto de forma tan obvia, pero sus tonalidades grises se hacen más oscuras y el efecto amarillo sobre su cuerpo también se ve parcialmente suprimido. Yo sigo una orientación muy básica: cuanto más grises son mis machos más fértiles espero que sean.

Combinaciones entre mutaciones

Los factores de coloración canela combinados con los cambios del patrón de coloración del plumaje perlado y arlequinado son muy atractivos. Estas combinaciones son algunas de las más buscadas entre las aves mutantes. El arlequinado parece potenciar el amarillo

Hembra canela perlada.

Macho normal y hembra lutino canela perlada arlequinada.

en algún ave concreta, y este rasgo es todavía más atractivo combinado con el canela.

Previamente se aceptó, a partir de la literatura extranjera, que la dilución del color gris, que es la que provoca la coloración lutino, no podía combinarse con otros factores mutantes, porque el lutino superaría al resto de los efectos cambiantes. Jeanette Hickford demostró que esta teoría era errónea en 1984 cuando crió a las «Tres Hermanas». La hermana n.º 1 era canela y heterocigota arlequinada, la hermana n.º 2 era lutino canela perlada y heterocigota arlequinada, y la hermana n.º 3 era canela perlada y heterocigota arlequinada. Jeanette ni siquiera me habló, por teléfono, del ejemplar lutino canela, ya que estaba convencida de que no podía ser posible. El lutino se combina en la actualiad, y de forma muy efectiva, con el canela, el perlado, el arlequinado, el rostro amarillo y el rostro blanco. Cuando los factores mutantes canela y lutino aparecen juntos en la misma ave, la melanina gris es borrada del color canela, y los tonos marrones resultantes son muchos más cálidos.

La cría con el canela y el lutino australianos ha dado lugar a combinaciones extremadamente hermosas. El lutino canela es mucho más llamativo cuando se combina con los cambios en el patrón de coloración propios del perlado y el

Macho normal y hembra canela de rostro blanco.

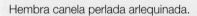

Hembra canela perlada arlequinada.

arlequinado. Las plumas amarillas perladas tienen el borde canela en el dorso y los hombros. Si se añade el factor arlequinado, provoca un incremento en la intensidad del amarillo y se confina el atractivo perlado a las zonas de color canela que permanecen en el cuerpo, generalmente los hombros y las alas. Las machos canela perlados perderán gran parte del efecto perlado al llegar a la madurez, pero la viveza del color permanecerá. El lutino canela perlado, el lutino canela arlequinado y el lutino canela perlado arlequinado son aves sorprendentemente hermosas al observarlas cuando alcanzan la madurez.

La combinación de las diluciones de color canela y plateado pastel no resulta

Macho canela arlequinado y hembra lutino canela perlada.

ambas mutaciones son recesivas y ligadas al sexo, sería posible que uno de estos cambios mutantes del color fuera dominante sobre el otro. Me han hablado de aves que podrían poseer esta combinación, pero, personalmente, no he tenido ni intentado criar ejemplares con esta combinación, y tampoco quiero hacerlo. Estas dos mutaciones fueron transmitidas juntas cuando el color canela apareció por vez primera. La descendencia de primera generación no produjo el nuevo color canela y, por tanto, fue vendida. Todos los machos jóvenes podrían haber dado lugar a hembras de ambos colores y de una combinación de ambos.

En algunas de las últimas publicaciones aparece una fotografía de un ejemplar muy atractivo con el siguiente pie de fotografía: «una hembra canela diluida». La genética de esta ave es el cruce entre el plateado dominante UK (diluido) y el canela.

El canela combinado con la más reciente mutación ligada al sexo (el rostro amarillo) es muy atractiva. La mutación de rostro amarillo afecta a la mancha de la mejilla, haciendo que el naranja pase a dorado. La difusión amarilla normal parece verse potenciada, y toda la cabeza del macho parece amarilla dorada. Un ave canela con una cabeza dorada es muy hermosa.

adecuada. El efecto gris del factor autosómico recesivo plateado pastel se mezcla a medias con las tonalidades marrón del canela. El canela se agrisa y el plateado se amarrona ligeramente. El efecto general no potencia ninguna de las dos mutaciones. El ante combinado con cualquier cambio de color no resulta adecuado. Hemos tenido algunos ejemplares que pensábamos que eran canela ante. Hasta que las pruebas reproductivas sean concluyentes sólo puedo teorizar que nuestros ejemplares canela ante parecen lutinos canela con los ojos de color rojo muy vivo.

El canela combinado con el platino podría alterar los deseables tonos marrones canela con un efecto grisáceo. Como

Ante

A veces se hace referencia a la carolina ante como si fuera de un color canela heredado de forma autosómica recesiva.

Tanto los machos como las hembras pueden ser heterocigotos para este rasgo, y ambos progenitores deben poseer este factor de mutación si quiere obtenerse descendencia ante. Estos ejemplares siempre tienen los ojos de color rojo encendido. En la década de 1960 apareció una mutación ante en Australia y varios avicultores experimentados trabajaron en su desarrollo. Obtuve algunas aves de esta estirpe de manos de Ron Rodda, de Australia Meridional. Estas aves no fueron apareadas con los ejemplares ante que surgieron a partir de la estirpe canela de Australia Occidental en 1984. Hay varias estirpes de ante o de canela autosómico recesivo en Australia. En otros países, la primera mutación ante reportada se dio en Florida a principios de la década de 1970.

El ante es una mutación de colorido delicado con tonos de gris pálido fundido con rasgos marrones, principalmente en el dorso de las aves. Esta mutación fue comprensiblemente confundida por la muy deseada canela. Hay dos fases de color en los ejemplares ante australianos, y tanto los machos como las hembras pueden tener ambas coloraciones.

Las hembras del tipo o fase marrón plateado deben describirse como ejemplares de dos tonos. El rostro es de color amarillo diluido sin ningún efecto enmascarante gris, y estos mismos tonos amarillos continúan hacia el pecho, pero son más diluidos. Vistas desde detrás, son de un color completamente distinto. El dorso está moteado o tiene una capa de tonalidades grises con un toque de marrón, pero más ligero que en los ejemplares plateados pastel australianos.

Los machos del tipo o fase marrón plateado tienen una mayor tonalidad gris en el dorso, y su frente es de color gris pálido y con menos amarillo que las hembras. Por lo menos parte de estos tonos grises es resultado de la típica capa gris que desarrollan las carolinas macho. El otro tipo de coloración es similar a un lutino canela, y ambos sexos son parecidos. Un ave de color ante tiene los ojos rojos brillantes, mientras que un lutino canela, que es un ave más robusta,

Hembra ante perlada arlequinada de ojos rojos.

tendrá un tono más oscuro y rubí en los ojos.

La mayoría de nuestros ejemplares ante tiene, por lo menos, una pequeña calva en la parte posterior de la cabeza, y son de menor tamaño del normal. Los ejemplares grises y heterocigotos ante tienen un tamaño y una constitución más normal. El pico, las patas y los pies no tienen, virtualmente, pigmentación y son de un color beige grisáceo extremadamente pálido, mientras que las uñas son de color beige pálido.

Algunos de mis ejemplares ante fueron criados a partir de las más antiguas estirpes canela, que no podían haber sido criadas con otras estirpes ante conocidas. Mis ejemplares actuales surgieron, todos ellos, a partir de un macho gris normal y heterocigoto canela y una hembra canela. En ocasiones producían un polluelo con un ojo rojo brillante. Estos polluelos solían morir, incluso aunque se llevaran a cabo grandes esfuerzos con su cría manual. Al principio asumí que eran ejemplares lutino canela, pero cuando algunos resultaron ser machos me di cuenta de que tenía entre manos algo completamente distinto.

Es posible que los ejemplares ante posean un «gen letal» implicado en su mutación, lo que podría explicar la alta incidencia de muertes en el nido. Los progenitores parecen descuidar a los polluelos ante y suelen morir. Una de las teorías que pude descartar fue la de que los progenitores descuidaban a los polluelos de ojos rojos brillantes y que se concentraban en los de ojos oscuros. Proporcioné a dos polluelos ante unos progenitores

Macho joven ante perlado arlequinado de ojos rojos.

adoptivos que producían crías lutino canela perladas, que tienen los ojos de color rojo muy vivo, pero los polluelos ante seguían siendo ignorados. Cuando los tomé para criarlos manualmente vi que muchos tenían el cuerpo de color ciruela, como si tuvieran un transtorno sanguíneo. Los polluelos que acaban de eclosionar tienen los ojos de color rojo vivo y, al alcanzar la edad adulta, siguen siendo claramente rojos.

Mis intentos por potenciar que las aves ante del sexo o tipo/fase de color que sea críen han sido un constante fracaso. El macho ante, que se parece mucho a un lutino canela, no atrae la atención de ninguna hembra. Es, sencillamente, ignorado. Decidí usar una selección de hembras grises experimentadas que normalmente animaban a los machos a reproducirse.

La hembra, que es el del tipo/fase de color marrón plateado, pone huevos periódicamente, pero no ha producido huevos fértiles, ya que todos los machos parecen ignorarla. Dispuso de un grupo de machos normales y hermosos entre los que escoger. Nunca la he visto aparearse con ningún macho. Si los dos ejemplares ante están en el mismo aviario estarán juntos, incluso aunque no sean hermanos ni fueran criados juntos. He creído, durante mucho tiempo, que estos ejemplares ante tiene una respuesta distinta respecto a las comunicaciones. Quizás sólo se entiendan entre ellos. No es sorprendente que esta variación no sea tan conocida como las otras mutaciones autosómicas recesivas. No ha sido tan fácil reproducirla ni asentarla como la mutación canela ligada al sexo y, por tanto, no la podemos encontrar tan fácilmente. Todavía se tiene que trabajar mucho en el desarrollo de esta mutación.

Combinaciones entre mutaciones

El color ante ha sido combinado con mutaciones tanto de color como del patrón de la coloración para producir curiosos ejemplares ante arlequinados, ante perlados y ante plateados. Cualquier combinación debe tener los ojos rojos. Con los conocimientos actuales o, más bien, la falta de conocimientos sobre la cría de carolinas ante, no aparearía deliberadamente ejemplares ante con cualquier mutación del color.

La combinación del ante con cambios en el patrón de coloración del plu-

maje ha resultado atractiva. La adición del factor perlado suele mejorar la calidad del plumaje en la mayoría de los ejemplares. Obtuvimos algunas aves ante fuertes y aparentemente sanas a partir de estirpes con la mutación canela recesiva ligada al sexo durante la estación reproductiva de 1993. Las aves combinaban el perlado y el arlequinado.

Cuando, como avicultores, transformemos la mutación ante en un ave fuerte, fértil y de buen tamaño, me gustaría saber qué aspecto tendría un ejemplar ante plateado pastel. El ejemplar ante plateado que he podido ver era un ave muy hermosa. Tenía el cuerpo de color plateado pálido y los ojos rojos, y estaba posado en una percha al lado de una hembra de rostro blanco. Ni siquiera me di cuenta de la presencia de la hembra de rostro blanco, ya que el ante plateado era un ejemplar realmente encantador.

Ejemplar ante de tono plateado y de ojos rojos.

Hembra lutino canela perlada.

Plateado

La mutación plateada australiana consiste en un ave de color gris plateado diluido que hereda su color de forma autosómica recesiva. Los machos y las hembras pueden ser heterocigotos para esta mutación, y ambos progenitores deben portar la mutación, incluso aunque no sea visible ni se sospeche de su existencia, para que un polluelo muestre el color pastel.

Esta mutación se dio por vez primera hacia 1982 en Australia Occidental. Se tenía la esperanza de que fuera el muy deseado canela, pero el cruce externo y los apareamientos de prueba en mis aviarios pronto demostraron que no se trataba de un factor recesivo ligado al sexo. Las fotografías de la primera nidada que obtuve y que contenía un ejemplar «plateado» muestran a un polluelo lutino, a uno gris y a uno marrón. Los tonos marrones son muy obvios, pero el ave maduró y acabó siendo de un color gris muy pálido, especialmente sobre el pecho.

El plateado pastel es un color gris claro, y las hembras suelen tener un aspecto ligeramente más oscuro que los machos. La viveza del color varía muy poco en las hembras desde su etapa juvenil hasta la madurez. Los machos suelen tener un color más suave que las hembras cuando abandonan el nido, y ganarán algunos tonos de gris más oscuro sobre el dorso al alcanzar la madurez. El color en el momento de abandonar el nido supone una guía para el sexaje temprano de esta variedad. La capa de melanina provocada

En esa época había una cierta controversia en los círculos de reproducción de la carolina, ya que se consideraba que el ante plateado era una mutación combinada, y no una mutación por derecho propio. Fue el resultado del apareamiento entre un ejemplar plateado y uno ante de ojos rojos. No pude obtener información alguna sobre el tipo de ave plateada usada y nunca he visto descripciones de esta ave plateada en los libros.

Lo cierto es que la valoración de un color «combinado» ha mejorado cuando uno piensa en la demanda que tiene el albino, que es una combinación entre el rostro blanco y el lutino.

por la madurez sexual produce el efecto de oscurecimiento. Esto es algo similar a la pérdida de perlado en los machos perlados. El pecho y el abdomen de los machos sigue siendo igual de claro que en los ejemplares jóvenes. Todavía conservo el primer macho plateado que crié, y tiene un color tan claro en la parte delantera como el de las primeras fotografías que le saqué.

Las patas de estas aves son más claras que los de los ejemplares grises normales, y las uñas son de un tono gris marronáceo claro. Incluso en las aves plateadas de tonalidad más oscura, las uñas definirán que

Macho plateado.

el ave es plateada pastel. Los ojos son ligeramente más claros en el momento de la eclosión que en el caso de un polluelo gris normal, y se vuelven de color marrón oscuro antes de los diez días de vida. Las hembras suelen tener el pecho moteado, pero nunca he visto a un macho con esta característica. Esta variante diluida no hereda factores simples y dobles que afecten a la expresión del plateado pastel. Las aves de color más oscuro pueden verse afectadas por factores oscuros. Una difusión amarilla potente provoca que el ave tenga un aspecto verde oliva. Ésta es una mutación que suele resultar más atractiva con una menor cantidad de amarillo. Sin embargo, un ave plateada pastel con un fuerte perlado y una difusión potente del amarillo es muy hermosa.

Hay una amplia variación en la intensidad del color plateado pastel en los machos. Los ejemplares de color más oscuro pueden producir polluelos de color más claro. La cría selectiva en pos de una coloración pálida y una menor cantidad de amarillo está dando lugar a ejemplares de color más claro en cada generación. Se trata de una selección difícil para mí, ya que he escogido a las aves jóvenes con la mayor cantidad de color amarillo visible desde 1982.

Tradicionalmente, las aves plateadas tenían un color corporal entre el plateado o el gris acero y los ojos rojos. En la actualidad se acepta que el plateado aparezca en forma de muchos tonos de gris diluido. Pueden verse tonos marrones en las plumas en cantidad variable, lo que ha dado lugar a que este color autosómico recesivo fuera confundido con el canela.

Ejemplares plateado de rostro blanco, plateado perlado de rostro blanco y lutino de rostro blanco (albino).

Las carolinas plateadas fueron reportadas en Europa en la década de 1960, y más tarde en Nueva Zelanda. Se pueden hallar muchas referencias que dicen que las primeras estirpes poseían factores letales y padecían ceguera. Tuve la suerte de hablar con el doctor G. Th. F. Kaal, de Holanda, conferenciante en la convención de la Federación Avícola de Australia, en Hobart. Aunque nunca he leído que estuviera implicado con estos ejemplares plateados «ciegos», me informó de que esas aves eran suyas. La historia es que sólo unos pocos ejemplares tuvieron problemas y, que tras las primeras generaciones, las carolinas plateadas de ojos rojos tenían una vista y una salud bastante normales.

Vi aves plateadas y ante de ojos rojos en EE.UU. en 1984, y en esos tiempos eran tan fuertes y fértiles como las carolinas grises normales. La combinación de dos mutaciones autosómicas recesivas tuvo éxito, y los ejemplares plateados ante resultantes se pueden obtener en EE.UU. El cartel de mutaciones de las carolinas del «*Valparkieten*» holandés muestra a un ejemplar gris plateado, y en su pie de fotografía se puede leer «plateado pastel». En la imagen, el ave tiene un aspecto gris uniformemente más claro de lo normal. El ejemplar plateado pastel autosómico recesivo que criamos aquí tiene una tonalidad más clara en la parte delantera que en el dorso.

Combinaciones entre mutaciones

Espero poder ver el clásico «*plateado de ojos rojos*» algún día.

Hay varias estirpes de aves de color «plateado» pastel o diluido uniformemente que están siendo desarrolladas actualmente en Australia. Todas estas aves grises plateadas (diluidas) son, hasta el momento, mutaciones autosómicas recesivas. Todas deberían reproducirse igual de bien si las obtenemos cuidadosamente. Lo más importante es que su conformación, tamaño y virilidad deberían ser iguales a las de la resistente carolina normal.

El plateado pastel perlado es atractivo, especialmente cuando el perlado es notorio y se combina con una potente difusión amarilla. En mis experiencias con la reproducción, la alteración del patrón de coloración propio del arlequinado parece potenciar el amarillo, y todavía no he obtenido un plateado pastel arlequinado que satisfaga la imagen mental que tengo de un plateado arlequinado. Me han hablado de otros criadores que han obtenido buenos plateados pastel arlequinados a partir de nuestras estirpes. Tenemos genéticas iguales, así que quizás lo consigamos este año.

Machos jóvenes plateados perlados arlequinados

La combinación entre el plateado autosómico recesivo con el canela ligado al sexo no resulta atractiva. Las aves resultantes tienen un color no definido que no es ni muy canela ni muy plateado. Las predicciones decían que la combinación entre las dos mutaciones produciría ejemplares «crema», pero esto no ha sucedido.

La mutación lutino elimina la melanina gris, y los ejemplares lutino plateados puede que muestren un ligero borde de color más oscuro a lo largo de las plumas remeras al alcanzar la madurez, pero no se observa un color plateado obvio. Si se aprecia algún color, se trata de los ligeros tonos canela que contiene el plateado pastel. La mutación lutino no elimina la melanina de color canela.

Las variaciones de color en las carolinas incrementan su riqueza hasta que las aves tienen unos tres años. Las combinaciones de colores más delicadas quizás no sean aparentes en las aves jóvenes.

La combinación del plateado pastel con el platino podría provocar un efecto de color más suave. Como el plateado pastel se hereda de forma autosómica recesiva y el platino de forma recesiva ligada al sexo, se podría dar un efecto acumulativo sin que haya un conflicto cromosómico sobre qué mutación dominará, si es que alguna debe hacerlo. Sin embargo, debido a la confusión que existe actualmente con la genética del platino, me mostraría muy cauta a la hora de hacerlo. Hasta que las mutaciones lutino y canela no sean eliminadas de la variedad platino, un factor autosómico recesivo introducido en esta estirpe no haría sino dificultar la producción de un color bien definido.

El plateado de rostro blanco es un ave excepcionalmente atractiva. Esta combinación entre dos mutaciones autosómicas recesivas no tenía problemas de dominancia en cuanto a su expresión. Todos los tonos amarillos y marrones que permanecen en el plateado pastel desaparecen, y las aves son una versión pastel del gris normal de rostro blanco. Incluso las hembras muy jóvenes tienen un rostro muy pálido, con poco o nada de gris pastel en el rostro, aunque no poseen la hermosa máscara propia del rostro blanco que desarrollan los machos adultos. El plateado perlado de rostro blanco es tal y como podemos esperar, y este color es muy hermoso en aquellos ejemplares con los tonos más marcados. El plateado perlado arlequinado debería producir ejemplares que satisfagan la imagen mental que tengo de ellos, ya que toda la difusión amarilla desaparecerá. Deberíamos obtener esta combinación y la plateada perlada arlequinada de rostro blanco en los apareamientos del año que viene.

Los avicultores australianos disponen de una mutación gris diluida estampada disponible, y ha recibido comúnmente el nombre de «plateado dominante», debido a la aparente similitud con las fotografías del plateado dominante diluido UK, que en la actualidad es normalmente llamado «plateado» en la literatura reciente. Yo ahora llamo a está mutación «plateado con lentejuelas UFO» (OVNI). Debido a varias razones, esta variante del diluido no ha sido fiable a la hora de reproducirse. Nuestros apareamientos de prueba están ya muy avanzados tras empezar con unos cruces externos y unos registros controlados en 1991. Nuestros resultados reproductivos hasta la fecha indican que esta atractiva mutación no tiene un modo de herencia dominante.

En menos de dos años podríamos tener un plateado con lentejuelas de rostro blanco que podría parecerse a los ejemplares platino que podemos ver en las fotografías procedentes del Reino Unido. Tengo la intención de usar un nombre que refleje la base genética de esta combinación entre mutaciones. Un nombre genéticamente descriptivo debería ser fácil de introducir ya que, en el momento de escribir este libro, en Australia, los nombres «platino» y «plateado» pertenecen a dos mutaciones totalmente distintas.

Platino

El nombre «platino» fue escogido por la *Australian National Cockatiel Society* para describir a un ave con una mutación recesiva ligada al sexo con una dilución extrema. Sólo los machos pueden ser heterocigotos para esta mutación y transmitir, inadvertidamente, el material genético. Las hembras siempre tendrán el color platino, independientemente del patrón de coloración que pudiera combinarse con este color.

Esta mutación puede que sea la variedad con menos representación de las que criamos en Australia en la actualidad. Ha sido anunciada, inadvertida y delibe-

Macho platino perlado. El perlado ha aparecido con las mudas, al alcanzar el ave la madurez.

variante. Esta interesante variedad quizás no esté todavía disponible para los criadores extranjeros.

Se trata de un cambio de color difícil de describir. Una indicación para su identificación está en los ojos. Los ojos de los polluelos recién nacidos pueden variar entre un rojo vivo (idéntico al de los polluelos lutino) y el ciruela (idéntico al de los polluelos canela). A la semana de vida, los ojos de los polluelos suelen tener un aspecto oscuro. Muchas aves que poseen esta mutación adquieren un círculo visible alrededor del ojo al alcanzar la madurez, lo que confiere a sus ojos un aspecto de gris en dos tonos. No obs-

Hembra platino perlada.

radamente vendida y adquirida como si se tratara de ejemplares canela, plateados, blancos de ojos negros, de alas lavanda, «café con leche», albino y, sin duda, con muchos otros nombres. Nunca he visto una fotografía ni una descripción procedente de otros países de una mutación en las carolinas que se parezca a esta tante, no todos los ejemplares adquieren esta característica. Las aves muy jóvenes se pueden identificar por el color de sus ojos y las plumas alfiler de su penacho, que salen a través de la piel antes que las otras plumas y tienen un color muy tenue.

El platino debería tener un color gris ahumado suave por todo el cuerpo. La difusión amarilla normal subyacente es evidente en la mayoría del cuerpo, y el amarillo que aparece sobre el rostro y el penacho es tan vivo como en cualquier carolina normal. La coloración gris ahumada es más aparente en las largas plumas de la cola y en las remeras primarias. El rostro amarillo y las manchas de color naranja en las mejillas, que son normales, difieren sólo ligeramente entre ambos sexos. Los pies, las uñas y las patas son de color beige pálido.

El blanco que aparece en los ejemplares lutino es más vivo y claro que el blanco con tonos ahumados de esta mutación. Esta definición es muy subjetiva. El color «ahumado» puede ser distinto para mí que para usted. Hasta que se acuerde un estándar independiente y oficial sobre el color y éste sea usado por todos los criadores a modo de referencia, las descripciones de color resultarán, normalmente, insuficientes. Las palabras no pueden reemplazar a una observación personal de las aves maduras con un buen plumaje y en buen estado.

Robyn Ashton, de Brisbane (estado de Queensland), que cría excelentes ejemplares platino, subraya que esta mutación debería considerarse como un ave monocolor gris ahumado pálido. El color se difunde por toda el ave del mismo modo que en los ejemplares normales o los canela. También señala que los machos tienden a volverse más oscuros a medida que maduran. Sus resultados reproductivos han concordado con los resultados genéticos normales de una mutación recesiva ligada al sexo.

Parte de la dificultad para la identificación de esta mutación es que los ejemplares platino han sido apareados con aves lutino y canela. Sea cual sea la mutación de entre estas dos con la que se aparearon, los machos grises resultantes eran portadores de las instrucciones genéticas para la producción de polluelos de cada color, e incluso polluelos que combinaban uno, dos o incluso los tres cambios de color. Los resultados no identificados de esta combinación genética se han distribuido entre toda la comunidad de propietarios de carolinas. Los nuevos propietarios no informados o que no son conscientes de ello han criado una sorprendente variedad de ejemplares con combinaciones lutino, platino y canela. La parte sorprendente se debió únicamente a que no se sabía que las aves de color claro fueran portadoras de la información genética. Los resultados podrían haber sido bastante fáciles de explicar si todos los posibles factores genéticos hubieran constado en un registro.

¿Cómo puede identificarse a un ejemplar lutino, platino, canela o lutino canela platino? Al principio parece haber una contradicción pero, en la actualidad, sabemos que el lutino no elimina la melanina que provoca los tonos marrones. Un macho gris obtenido a partir de un progenitor platino y de otro progenitor lutino o canela sería un animal con una sencilla doble combinación heterocigota, lo que supone el mismo tipo de emparejamiento que produce ejemplares lutino perlados o canela perlados.

No obstante, algunas combinaciones no son tan eficaces como otras al intentar obtenerlas. Al aparear a un macho gris heterocigoto platino y lutino con cualquier hembra, se obtendrían unos porcentajes variables de hembras platino, hembras lutino y hembras lutino platino. Algunas de las últimas serían hembras que no parecerían muy lutino, pero tampoco muy platino. Los machos grises heterocigotos platino y canela darían lugar, mediante un apareamiento similar, a hembras platino, hembras canela y hembras canela platino.

Las aves lutino platino no tendrían color gris, y cualquier ligero tono marrón propio del platino seguiría siendo visible. Una platino canela tendría un tono mezclado indistinguible que no sería ni marrón ante ni gris diluido, y sería difícil de identificar sin realizar apareamientos de prueba.

Si el criador ha obtenido un macho visualmente platino que también era (desconociéndolo el criador) heterocigoto lutino y/o canela, todas las hembras jóvenes resultantes de cualquier apareamiento serían platino, y algunas serían, visualmente, platino lutino, platino canela o platino lutino canela. Estas hembras jóvenes tendrían un aspecto muy distinto entre sí. Este tipo de apareamiento ha dado lugar a algunas teorías inusuales sobre su dotación genética.

La *Australian National Cockatiel Society* está supervisando algunos apareamientos de prueba de la mutación platino diluida. La mutación platino puede poner en evidencia la combinación de alelos en los que, a veces, un tipo de color podría dominar sobre otro del mismo gen.

Yo hice apareamientos de prueba de la mutación platino realizando cruces externos con mis ejemplares normales. Emparejé a un macho gris presuntamente heterocigoto para el factor genético no determinado con una de mis hembras grises normales. Los apareamientos subsecuentes dieron lugar a hembras platino diluidas, hembras perladas, hembras platino perladas, hembras grises y machos grises. Algunos de estos machos de segunda generación demostraron, en posteriores apareamientos de prueba, ser grises normales y no heterocigotos para el platino o el perlado. Otros dieron lugar a hembras platino o perladas o a combinaciones. Tras varios años, me satisfizo ver que el factor de dilución extrema para el que estaba realizando los apareamientos de prueba se heredaba, sencillamente, de forma recesiva ligada al sexo. No encontré sentido continuar haciendo apareamientos de prueba de esta mutación con el lutino o el canela tras analizar mis resultados reproductivos.

Combinaciones entre mutaciones

El delicado color platino se combina de forma muy eficaz con los cambios en el patrón de coloración. El platino perlado es muy hermoso, especialmente cuando se usan ejemplares con un perlado muy marcado en esta combinación. El platino arlequinado hace que la difusión amarilla se vea potenciada y proporciona un agradable contraste con la aparición al azar del color gris ahumado. El platino perlado arlequinado consiste en la combinación de dos patrones de coloración del plumaje con el color diluido. El perlado está limitado a las zonas restantes de color platino, generalmente a los hombros y las alas, y es muy atractivo.

Cuando se combinan el platino y el rostro blanco, la descendencia debería ser de un color plateado extremadamente pálido con un llamativo rostro blanco. Habrá poca diferencia entre el aspecto de ambos sexos.

El platino de rostro amarillo mostrará un cuerpo de color gris ahumado y una cabeza dorada. Las hembras deberían tener un colorido tan vivo como el de los machos.

Los ejemplares con la mutación platino son aves fuertes y sanas, y sin faltas inherentes como las calvas ni la baja fertilidad. Son aves atractivas con el encanto y la personalidad propios de cualquier carolina. Esta interesante variedad puede encontrarse fácilmente. Para evitar la confusión que hemos descrito, vale la pena acudir a criadores que puedan garantizar la dotación genética de sus ejemplares.

Plateado con lentejuelas

En los siguientes párrafos haré referencia al plateado con lentejuelas, quizás en mayor detalle del que les apeteciera o del que quisieran conocer. La descripción del plateado suele aplicarse a una mutación autosómica recesiva gris diluida. Espero que la descripción adicional del «con lentejuelas» evoque una imagen similar a la de las aves en cuestión. Mi objetivo era escoger un nombre descriptivo sin generar una confusión adicional ni que existan influencias comerciales.

Basándonos en nuestros resultados reproductivos hasta la fecha ya no sospechamos que la mutación que suele recibir el nombre de «plateado» dominante en Australia pueda heredarse de forma dominante. Esta mutación se ha reproducido de forma autosómica recesiva y parece combinar un cambio de color

Macho plateado con lentejuelas.

con uno del patrón de la coloración. Quizás todavía podamos demostrar que estamos transmitiendo factores sencillos y dobles en la expresión de esta hermosa mutación, que es parecida a la del periquito con una coloración con lentejuelas.

Estos ejemplares son muy atractivos. La inspección detenida revela que el aspecto estriado y sombreado está provocado por barbillas concretas de las plumas que crecen con tonos claros y oscuros desde el raquis. Todo el cuerpo está afectado, aunque la cabeza tiene un menor sombreado.

La dilución afecta al color gris y al amarillo que suelen aparecer sobre el cuerpo. Si el ave es de un color plateado claro, su amarillo también lo será, aunque la difusión amarilla pálida subyacente se podrá ver por todo su cuerpo. Los tonos plateados en cierto grado serán siempre visibles en los hombros y por el dorso y las alas.

La mayoría de las mutaciones, incluso las lutino, conservan el característico barrado blanco propio de la carolina salvaje. Previamente, sólo la modificación del color provocada por el arlequinado ha afectado a la localización del barrado en las alas. La coloración sombreada de nuestros ejemplares plateados con lentejuelas hace intrusión en esta zona. Los ejemplares con manchas muy marcadas no disponen de un barrado blanco aparente en las alas. Todos tienen la mezcla de coloración sombreada por toda la superficie de las alas. Generalmente, los hombros son un poco más oscuros, pero siguen teniendo un sombreado o una coloración con len-

Hembra plateada perlada.

tejuelas. Para obtener el característico aspecto plateado sombreado, la melanina gris se ve parcialmente borrada y diluida en zonas que normalmente son grises, y hay melanina gris sombreada en zonas que suelen ser blancas.

Los ojos de estos ejemplares son de color marrón oscuro cuando eclosionan y cuando son adultos. Los pies y las uñas son de color gris oscuro, como los de las aves grises de tipo salvaje. Hasta la temporada reproductiva de 1993-94 no habíamos podido identificar a los polluelos de color plateado con lentejuelas hasta que las plumas habían salido de su envoltura. No obstante, una de las aves que eclosionó durante febrero de 1994 tenía un aspecto notoriamente pálido en el nido y demostró tratarse del ejemplar plateado con lentejuelas de color más claro que haya criado hasta la fecha. Su barrado blanco en las alas se ve totalmente oscurecido por el estriado de los tonos claros y oscuros. Los pies de este joven macho también eran de color mas claro.

Para continuar investigando sobre este misterio genético consideraríamos que esta ave podría tratarse de un factor doble. Si el macho, al ser cruzado con una hembra normal, produce sólo una progenie plateada con lentejuelas o algunos polluelos excepcionalmente pálidos al aparearse con una hembra plateada con lentejuelas, me sentiría más segura sobre la teoría de que dispone de un factor mutante sencillo y doble. Otra posibilidad consiste en que puede tratarse de un factor parcialmente dominante o incompleto, similar a los factores oscuros sencillo y doble. Quizás se estén dando dos mutaciones a la vez y éstas no sean visibles si aparece sólo una.

Esta ave mutante apareció en Australia Occidental en la década de 1980. Vi, por primera vez, algunos de estos ejemplares en 1983 y obtuve algunos en 1984. Hacia 1990, otros criadores y yo habíamos hecho pocos progresos en el desarrollo de esta estirpe. Sólo había obtenido un ave plateada y las parejas no mostraban interés por reproducirse incluso cuando se les proporcionaba la oportunidad de escoger un compañero de entre una bandada. Los registros reproductivos se obtuvieron de manos del criador original y fueron comparados con mis propias experiencias. No se habían realizado cruces en línea ni cruces externos desde 1981. Los ejemplares no

Dorso de un plateado con lentejuelas.

estaban anillados y no existían registros familiares.

Se dice que esta primera ave plateada con esta mutación apareció a partir de la mutación entre un macho gris y una hembra lutino. Las siguientes generaciones han dado lugar a algunos ejemplares aparentemente albinos y de rostro blanco. Esta línea no está relacionada con las estirpes de rostro blanco que aparecieron en otros lugares de Australia.

Durante 1991, poco después de mudar mi hogar y a mis aves a Tasmania, me encontré con dos polluelos recién nacidos rollizos y que, aparentemente, tenían los ojos rojos, en una nidada de un macho de colores muy vistosos y una hembra gris «de la familia». Una inspección más detallada confirmó que los polluelos no tenían los ojos rojos, sino que ¡no tenían ojos! Estos polluelos fueron el catalizador para una revisión y reorganización seria de nuestro programa de cría en pos de esa mutación, que no estaba bien definida, pero que era muy hermosa.

El asentamiento exitoso de una mutación atractiva y saludable no es una tarea casual. Los rasgos no deseables o los letales pueden aparecer o intensificarse y provocar un mal crecimiento o una mortalidad inexplicable. Unas gónadas afectadas o unos órganos internos raros son sólo parte de los factores no deseados que pueden darse, y deberían considerarse probables cuando se trabaja en pos de la consecución de una mutación que esté formada por ejemplares fuertes y sanos.

Uno de los primeros rasgos que se ve afectado negativamente por la consanguinidad indiscriminada o los cruces en línea muy cerrados es la fertilidad. La revisión de los registros originales confirmó que no había forma de verificar el grado de parentesco de los ejemplares que estaba intentando aparear. La interrupción provocada por mis desplazamientos por todo el país supuso la oportunidad perfecta para emparejar a los machos plateados UFO con hembras normales criadas por mí y con las que no tenían ningún parentesco.

Los registros de cría de 1991 muestran que se produjeron cuarenta y cinco polluelos. Ninguno mostró los característicos tonos plateados y con lentejuelas. La explicación más sencilla, que era que con-

sistía en una mutación autosómica dominante, indica claramente que alrededor del 50% de los polluelos de un apareamiento entre un ave con una mutación dominante y otra normal deberían tener la mutación visible. Una gran mayoría de los polluelos fueron machos, pero se obtuvieron algunas hembras preciosas. La evidencia de estas anécdotas indica que no es infrecuente que las mutaciones autosómicas recesivas nuevas den lugar a bastantes más machos que hembras en los primeros años de su desarrollo.

La próxima generación precisó del apareamiento de machos plateados con hembras nacidas de otro de los machos plateados. Ninguna hija fue objeto de un cruce retrógrado con su padre. Dos parejas se reprodujeron y dieron lugar a ejemplares plateados con lentejuelas. Por último, produjimos una hembra pla-

Plateado con lentejuelas.

teada con lentejuelas. Desgraciadamente, esta hembra tenía un problema en el buche y no será usada como reproductora. Este raro problema podría ser hereditario.

La segunda pareja produjo catorce polluelos. Por lo menos siete de ellos tenían manchas bien visibles. Tres aves muestran sólo unas manchas ligeras. Cuatro de los polluelos mostraban una expresión claramente visible del efecto plateado y sombreado. Dos de ellos (ambos machos) tienen un color extremadamente tenue y la interferencia del color plateado en sombras apareciendo a través del plumaje y oscureciendo el barrado blanco de las alas. ¡Dos de los jóvenes son HEMBRAS! Estas hembras jóvenes no tienen unas lentejuelas ni un color tan claro como los machos.

Los resultados reproductivos del primer cruce en el programa reorganizado de cría apunta a un modo de herencia autosómico recesivo para esta hermosa mutación. Los resultados de la segunda generación son exactamente los mismos que produciría una mutación autosómica recesiva y visible. Por ejemplo, el apareamiento entre un ejemplar de rostro blanco y uno heterocigoto de rostro blanco darán lugar a un 50% de la descendencia con el rostro blanco.

Esta mutación siempre ha sido de maduración lenta hasta mostrar la coloración y, frecuentemente, las aves muestran ligeras manchas tras su muda al cumplir el año y que no se apreciaban cuando el ave era joven. Todos los ejemplares jóvenes son conservados hasta su segundo año, por si acaso.

Uno de los machos jóvenes de coloración pálida será emparejado con una hembra gris normal con la que no tendrá ningún parentesco. No podré resistir la tentación de aparear a una de las hembras jóvenes con un macho plateado con lentejuelas. Si hay un factor doble y sencillo influyendo en la expresión de esta mutación, este emparejamiento debería evidenciarlo.

El programa de cría controlado y bien documentado para el plateado requiere cruces externos regulares con los mejores ejemplares normales puros que podamos encontrar. Este procedimiento debería ayudar a asegurarnos que todas las características fiables de fertilidad y fuerza normales en las carolinas se desarrollen plenamente. Mi preferencia personal consiste en aparear a un ave mutante de cualquier tipo con un ave heterocigota o normal cada dos generaciones. Creo que esto maximiza las mejores cualidades. Por supuesto, debe llevarse a cabo una selección de los mejores ejemplares de entre todas las aves normales de cada apareamiento. No puede realizarse una cría selectiva efectiva sin usar registros de los animales. El anillado resulta imprescindible.

Ésta es una mutación que no combinaría todavía con otras variantes. Sería una irresponsabilidad transmitir la poca fiabilidad reproductiva actual y las posibles deformidades de origen genético a otras familias. Siguen en el tintero muchas preguntas sobre el desarrollo como, por ejemplo, si el color y el patrón de coloración pueden separarse al combinar distintas características. ¿Podría la melanina gris cambiarse por melanina canela conservando el patrón de coloración? Es obvio que la herencia genética no se comprende en su totalidad, ¡por lo menos yo no la entiendo toda!

El lutino ya ha sido apareado con esta mutación, y ha dado como resultado hembras lutino que también pueden ser plateadas con lentejuelas. Como el factor lutino elimina la melanina gris, no quedan pruebas de la modificación del patrón de coloración de las plumas. Tenemos algunas hembras lutino que parecen tener un patrón de barrado amarillo alterado en las plumas de debajo de la cola, pero, hasta el momento, no hay pruebas de que sean, además, plateadas con lentejuelas.

Un consuelo sobre esta combinación es que estas hembras lutino tienen todas una cabeza con un excelente plumaje. Una preocupación es que si estas hembras lutino son usadas para mejorar las familias lutino, un cierto porcentaje de las crías transmitirán el plateado con lentejuelas. Los apareamientos futuros pueden, gradualmente, eliminar el lutino de las familias plateadas con lentejuelas.

Teóricamente, las familias futuras serían como se detalla a continuación.

Combinaciones entre mutaciones

La combinación del plateado con lentejuelas con el patrón de coloración perlado podría deslucir el característico cambio en el patrón de coloración del plumaje que muestra esta hermosa variedad.

El plateado con lentejuelas arlequinado debería confinar el efecto plateado sombreado a las zonas que serían grises en un ave normal.

La perspectiva de combinar el rostro blanco con nuestro plateado con lentejuelas es emocionante. Todos los tonos naranjas y amarillos en las aves plateadas con lentejuelas deberían verse eliminados y deberíamos obtener un ave plateada muy hermosa. Esta combinación tendría un aspecto muy parecido al platino UK. Ese nombre ya pertenece al platino ligado al sexo que tenemos en Australia, así que nuestra nueva mutación múltiple podría tener un nombre genéticamente descriptivo, como el de plateado con lentejuelas de rostro blanco.

Este hermoso plateado con lentejuelas es un ave que supone un verdadero reto para los criadores.

Rostro blanco

La mutación de rostro blanco es resultado de una eliminación del color que tiene un efecto espectacular sobre todas las variedades de carolina. El rostro blanco elimina todo el amarillo y los tonos relacionados naranjas o rojos de todo el cuerpo. Esto es exactamente todo lo contrario que el lutino, que evita totalmente que el ave produzca melanina gris. Se podría fotografiar en blanco y negro un ejemplar gris normal con la mutación de rostro blanco y el efecto no sería muy distinto que si la fotografía fuera en color, excepto por el fondo.

El rostro blanco se hereda de forma autosómica recesiva. Ambos progenitores deben poseer el factor mutante para

Hembra canela perlada de rostro blanco.

Cuando los ejemplares de rostro blanco fueron obtenidos por vez primera, se les dio el nombre de «carbón vegetal», nombre que encaja muy bien con la descripción de las hembras y los ejemplares inmaduros de rostro blanco. Las hembras son de color gris carbón vegetal y presentan una difusión de color blanco en el rostro con un grado de variación equivalente al que podríamos ver con la difusión amarilla en las hembras grises normales. El barrado blanco bien definido que aparece en ambos sexos parece incluso más claro debido a la eliminación de cualquier traza de color amarillo.

Los polluelos de rostro blanco son identificables de inmediato en el momento de su nacimiento, ya que su plumón es blanco, independientemente de la existencia de cualquier otro color o modificación en el patrón de coloración. Los polluelos grises normales de rostro blanco tienen los ojos de color ciruela, y los lutino de rostro blanco los tienen de color rojo.

Esta mutación fue reportada por primera vez en Holanda en 1969.

Durante su primera época, en Australia, la mutación de rostro blanco se vio afectada como resultado de la endogamia en aras de producir suficientes ejemplares para desarrollar esta estirpe. En el caso de aquellos criadores que podían obtener ejemplares, las quejas generales eran que algunos de ellos eran pequeños y de mala calidad, nerviosos, difíciles de emparejar para la reproducción y que había una alta incidencia de huevos no fértiles.

dar lugar a descendencia que tenga, visualmente, el rostro blanco. Las hembras y los machos pueden ser heterocigotos y tener un aspecto gris normal. Un ave heterocigota de rostro blanco no mostrará puntos blancos como resultado del factor de rostro blanco. Generalmente, un ave que muestre una mancha sin color será portadora de un factor arlequinado.

Los machos de rostro blanco tienen el cuerpo gris con tonos claros y oscuros, como todos los machos maduros. Desarrollan un rostro y un cuello blancos brillantes al alcanzar la madurez, unas plumas timoneras negras y un penacho blanco con tonalidades oscuras de color carbón vegetal. No es posible la difusión del color amarillo en ninguna parte del cuerpo. Lo más sorprendente, al observar a machos de rostro blanco por primera vez, es la ausencia de la mancha coloreada en su mejilla. La cera, los pies y las uñas tienen también el color del carbón vegetal. Los ojos son de color marrón oscuro.

Las generaciones siguientes han mejorado gradualmente en cuanto a su fertilidad y estabilidad. Las aves de rostro blanco fueron apareadas con ejemplares normales de buena calidad y también con los mejores ejemplares poseedores de mutaciones en el patrón de coloración del plumaje, dando lugar, eventualmente, a algunas aves perladas de rostro blanco y arlequinadas de rostro blanco excepcionalmente hermosas. Mediante la cría selectiva cuidadosa, añadimos posteriormente aves de calidad con colores mutantes como el lutino, el canela y el plateado. Sólo las aves con una buena base en cuanto a su tamaño, conforma-

Hembra perlada de rostro blanco.

ción, temperamento y fertilidad fueron usadas para estos cruces.

Combinaciones entre mutaciones

Aunque el rostro blanco ha provocado un resurgir en el interés con todo lo relacionado con las carolinas, lo que es incluso más interesante es su efecto sobre todo el resto de las mutaciones de esta especie. La adición de la eliminación del color propia de la mutación de rostro blanco permite que los criadores produzcan nuevas versiones de los cambios de color ya conocidos: lutino, canela, platino, plateado pastel y ante sin la difusión amarilla subyacente. Los criadores combinaron con facilidad las nuevas mutaciones dobles de color como el canela de rostro blanco, etc. con los bien asentados cambios en el patrón de coloración del plumaje del arlequinado y el perlado. Esto resultó, rápidamente, en tres y cuatro mutaciones visuales en un ave: dos de color y una o dos en el patrón de coloración del plumaje.

El gris normal de rostro blanco es un ave de contrastes bastante severos entre el gris carbón vegetal oscuro y el blanco. Cuando se añaden los cambios en el patrón de coloración arlequinado y perlado, el contraste es también equivalente y fascinante. El perlado de rostro blanco ideal resulta del apareamiento entre el encantador manchado potente o el perlado y el rostro blanco. El resultado es un ave con el fondo blanco y con un perlado en forma ribeteada de color carbón vegetal y la más ligera difusión de color gris en el pecho y el abdomen. Un ejem-

Lutino de rostro blanco (albino).

plar perlado de rostro blanco tiene unas plumas timoneras predominantemente blancas con un fino reborde negro. El barrado normal en las plumas timoneras de los ejemplares jóvenes o las hembras tiene un aspecto carbón vegetal sobre un fondo blanco, y los cañones de las plumas son de color carbón vegetal oscuro. Los pies y las uñas son de una tonalidad gris, pero no tan oscura como la del gris normal de rostro blanco. El perlado de rostro blanco es una sencilla combinación de un cambio de color autosómico recesivo y un cambio en el patrón de coloración recesivo ligado al sexo.

Cuando el perlado de rostro blanco se combina con un arlequinado con las manchas muy marcadas, el resultado es una hermosa ave blanca con pequeñas zonas de perlado ribeteado en los hombros. La cabeza y el penacho deberían ser de color blanco puro, independientemente del sexo, debido al efecto arlequinado y de rostro claro. Estas aves tienen los ojos de color oscuro. Los pies y las uñas no deberían tener coloración. Los arlequinados de rostro claro con menos manchas arlequinadas y, por tanto, zonas grises más amplias, serán muy atractivos con esta combinación, ya que podremos ver un mayor perlado. El arlequinado perlado de rostro blanco es la combinación de una mutación triple.

La combinación del rostro blanco con el lutino fue el objetivo inmediato para muchos criadores, ya que esta combinación produciría un verdadero albino. Con el rostro blanco evitando la producción de tonalidades amarillas y naranjas y el lutino evitando la aparición de tonos grises, el ave resultante es de color blanco brillante y tiene los ojos rojos. No es un verdadero albino, sino una mutación múltiple. No habrá lógica suficiente que evite que esta ave blanca reciba el nombre de «albino». No obstante, espero que algún día tengamos una mutación espontánea que dé lugar al albino sin combinar dos mutaciones.

Las carolinas albinas son de color blanco puro y tienen los ojos de color rojo oscuro. Sus pies y sus uñas no tienen color. Si quiere criar albinos, tómese el tiempo y la dedicación necesarios para hallar a un lutino de muy buena calidad. En los primeros tiempos en que se llevaron a cabo estas combinaciones se usaron, en algunos apareamientos, lutinos de

Macho de rostro blanco y heterocigoto arlequinado.

genética para producir aves lutino. De su descendencia, el 50% de las hembras serán lutino, y el 50% de todas sus crías será, visualmente, de rostro blanco. Parte de esta genética del color aparecería rápidamente en una hembra joven, y se encontraría con una lutino de rostro blanco o con su ansiado albino.

Durante el desarrollo de la mutación canela, descubrimos que cuando el canela y el lutino estaban presentes en la misma ave, el color marrón permanecía. Esto era algo especialmente atractivo si se incluía el perlado.

Cuando se añade el rasgo rostro blanco a esta combinación, todos los tonos amarillos son eliminados del lutino, y el color canela provoca que las aves sean blancas y tengan un tono marrón desgastado sobre los hombros, alas y plumas timoneras. El perlado marrón se superpone de forma más obvia en el dorso y los hombros. Esta ave combina tres cambios de color y un cambio en el patrón de coloración, ya que se trata de un lutino canela perlado de rostro blanco. No tengo la menor duda de que este nombre será abreviado por el de «albino canela perlado», lo que supondría una total contradicción entre los términos, pero cuyo uso podría ser irresistible. Los pies y las uñas de esta combinación carecen de color, pero los ojos son, sorprendentemente, de color rojo oscuro como resultado del efecto canela.

El segundo patrón de coloración del plumaje (el arlequinado) puede añadirse fácilmente a cualquiera de estas combinaciones. El uso de ejemplares arlequina-

mala calidad, como los que tenían calvas, un tamaño inadecuado y un temperamento nervioso. Serán necesarias varias generaciones de reproducción cuidadosa para introducir, a partir de los lutino, las mismas cualidades positivas que esperamos y deseamos tener y que deberíamos exigir en los ejemplares albinos. Los lutinos, y por tanto los albinos, no son siempre nerviosos, ni tienen, necesariamente, calvas en la cabeza.

Para producir un albino ambos progenitores deberán ser portadores del rasgo rostro blanco. Además, el macho debe ser portador del rasgo lutino.

Un emparejamiento adecuado consistiría en un ejemplar de rostro blanco visible y un heterocigoto de rostro blanco, y el macho debería llevar la información dos con menos manchas dará como resultado más zonas de color canela sobre el cuerpo de un lutino canela perlado arlequinado de rostro blanco. Se trata de un ave más fácil de obtener que de nombrar. Esta combinación probablemente reciba el nombre de «albino canela perlado arlequinado».

Las mutaciones secundarias lutino de rostro blanco, canela de rostro blanco, platino de rostro blanco, plateado pastel de rostro blanco, perlado de rostro blanco y arlequinado de rostro blanco aparecieron al cabo de unas pocas generaciones. Cada combinación tiene sus propias virtudes y atractivo.

Cuando el rostro blanco se combina con el canela el resultado es un tono marrón aclarado sin difusión amarilla, lo que da lugar a un tercer efecto de color en nuestra mutación canela. Las hembras

tienen poco color marrón en el rostro, por lo que al eliminarse el amarillo, tienen un rostro bastante blanco. El canela de rostro blanco se ha combinado de forma efectiva con cambios en el patrón de coloración. El canela de rostro blanco perlado, arlequinado y arlequinado perlado son sorprendentes.

El platino de rostro blanco dará lugar a una cantidad variable de gris suave. Muchas aves platino tienen un patrón perlado, y esto produce un efecto todavía más suavizante.

El plateado pastel de rostro blanco es, en mi opinión, mas atractivo que el plateado pastel normal, ya que todos los tonos amarillos son eliminados del color diluido. Al combinarlo con el perlado obtenemos un ave preciosa. Espero que el plateado de rostro blanco arlequinado y perlado arlequinado satisfagan mi imagen mental de un ejemplar plateado arlequinado.

Para conseguir unas mutaciones tan ideales, serán necesarios la cría selectiva y los cruces externos con las mejores carolinas disponibles, para así mantener la calidad de las aves, al tiempo que se mejoran las manchas corporales. La cría en pos del tamaño, la conformación, la fertilidad, el plumaje, el temperamento y las buenas características como progenitores son parte de una cría selectiva responsable. El color debería ocupar un puesto secundario en la lista de prioridades, y antes nos debemos ocupar de los requisitos físicos enumerados. Debido al ansia por obtener muchos ejemplares de rostro blanco se han usado algunas aves de calidad inferior como reproductoras.

Joven lutino canela de rostro blanco.

Los programas de cría cuidadosos darán lugar a aves arlequinadas con las manchas bien definidas y a ejemplares perlados del mismo modo en que lo hemos conseguido en nuestras aves grises normales o canela.

La combinación del rostro blanco con el ante o con el plateado con lentejuelas no añadiría vigor a ninguna de las tres mutaciones. El desarrollo, en Australia, de la carolina de rostro blanco seguirá durante algunos años, y si el énfasis se centra en la obtención de ejemplares de excelente calidad y belleza, su popularidad debería seguir creciendo y prosperando.

Rostro amarillo

La mutación rostro amarillo es la última que se ha obtenido en las carolinas. Se trata de una mutación ligada al sexo que no da lugar a una pérdida aparente de talla o de fertilidad si se trabaja con un manejo responsable.

Los ejemplares que vemos en estas fotografías parecen tener una coloración normal, excepto por el hecho de que carecen de la coloración naranja en el rostro. La mancha de las mejillas no esta ausente, pero ha cambiado a un color dorado oscuro en lugar de naranja. Los machos maduros rodean esta zona dorada con un vivo color amarillo en la cabeza y el cuello. La hembra también carece de los tonos naranja, lo que hace que su rostro sea más amarillo de lo normal, incluso con el efecto enmascarante de la melanina gris.

Macho de rostro amarillo.

Los tonos grises del cuerpo son los mismos que los de las aves grises normales de tipo salvaje. Las aves fotografiadas disponen de la difusión amarilla por todo el resto del cuerpo, que penetra en el barrado blanco de las alas, creando un reborde en las plumas de color amarillo. La difusión amarilla no parece ser distinta de la de otras aves normales o mutantes con una tonalidad amarilla subyacente fuerte. La cera, el pico, los pies y las uñas

Hembra de rostro amarillo.

al reproducir a los ejemplares de rostro amarillo.

Una vez que las aves de rostro amarillo australianas se hayan desarrollado bien en cuanto a su tamaño, vigor y número de ejemplares, la combinación del cambio de color en la mancha de la mejilla con otras mutaciones se buscará con avidez.

Combinaciones entre mutaciones

Cuando el rostro amarillo se combina con el lutino, estas dos mutaciones ligadas al sexo producen un ave más amarilla. La mutación de rostro amarillo afecta principalmente a la mancha de la mejilla, haciendo que sea de color dorado, y no naranja, y el lutino hace que desaparezca el color gris: el ave de «cabeza dorada» resultante debería ser muy atractiva. Las combinaciones ya asentadas del lutino con el perlado, el arlequinado y el canela deberían resultar todavía más interesantes con un rostro amarillo. Las dos mutaciones ligadas al sexo afectan a distintas zonas de color y del plumaje.

Aparte de la mutación de rostro blanco, el resto muestra la encantadora mancha de la mejilla de color naranja vivo propia de las carolinas. Todas estas mutaciones pueden ver alterado el color de la mancha de la mejilla, proporcionando así el aspecto de una cabeza dorada cuando el ave alcanza la plena madurez. La variedad de rostro amarillo afecta a una zona específica que no se ha visto afectada por ninguna de las otras mutaciones. No debería darse ningún problema de domi-

tendrán un aspecto gris normal. Los ojos son de color marrón oscuro. Los polluelos de rostro amarillo tienen el plumón amarillo y los ojos oscuros cuando acaban de nacer y no pueden ser identificados hasta que las plumas alfiler cubren la zona de la mejilla.

La mutación rostro amarillo fue asentada en Europa a finales de la década de 1980. Los ejemplares fueron legalmente importados en EE.UU. hacia 1992 y los criadores pronto combinaron el rostro amarillo con otras mutaciones vigorosas y con buena fertilidad. Se sienten satisfechos con los resultados y no se han encontrado con ninguna falta o problema

Pareja de rostro amarillo.

nancia entre esta nueva mutación y cualquiera de las otras.

A medida que esta nueva variedad vaya estando más disponible, ya sea únicamente con esta mutación o en combinación con otras, deberá recordar que las hembras no pueden ser heterocigotas para el rasgo rostro amarillo. Las hembras lutino de rostro amarillo o las arlequinadas de rostro amarillo deben tener precisamente el aspecto que sugiere su nombre. Los machos pueden ser lutinos, arlequinados o grises y ser portadores (sin mostrarlo) del rasgo rostro amarillo. Para planear los resultados de la cría, use los mismos emparejamientos que haría para criar carolinas lutinas perladas o perladas arlerquinadas.

Si no apareciera ninguna otra mutación, seguiría criando felizmente carolinas durante toda mi vida sin alcanzar el culmen de la calidad (que tengo en mente) en todas las combinaciones. Dudo que pudiera criar cada mutación hasta el máximo nivel de calidad deseable. Lo mejor es marcarse objetivos altos, aunque nos quedemos cortos.

Algunos de los cambios que hemos esperado y algunos de los que pueden estar desarrollándose son los siguientes:

Una cacatúa melanística, en la que la melanina es tan oscura que el ave podría ser principalmente negra.

Me han descrito ejemplares azul pastel. El color azul implicaría un cambio en la estructura de la pluma, pero ciertas tonalidades de plateado con una difusión amarilla y, posiblemente, factores oscuros, podría dar lugar a la ilusión de unos tonos azules.

Las menciones a una carolina de color azul pizarra obtenida mediante la selección pueden encontrarse en la literatura de otros países. El macho tiene la cabeza amarilla, las mejillas rojas y un barrado blanco en las plumas. La hembra es de un color azul pizarra más oscuro y no tiene manchas marrones. Esta descripción podría derivar de la de los colores de los inseparables o agapornis. El azul pizarra del agapornis es su versión del azul con dos factores oscuros.

Una carolina negra con la cabeza amarilla y un color verde oliva en el pecho, las alas y el tronco. Esta mutación (un macho) fue obtenida por vez primera por el señor F. E. Kaedig, de Hannover (Alemania). No tengo datos de las fechas. Posiblemente, la impresión óptica del color verde oliva en las plumas viene provocada por la influencia de una melanina extremadamente negra. Una abundante difusión amarilla combinada con el gris o el negro parece de color verde oliva.

Las carolinas blancas de ojos negros han sido descritas, despreocupadamente, muchas veces. Generalmente han sido definidas, con más cuidado, como parte de otras mutaciones, como la lutino o la platino.

La posibilidad de que una única mutación provoque el color blanco puro o albino sigue existiendo.

Las carolinas tienen la capacidad de desarrollar unas rayas de color naranja durante las épocas de estrés. Estas manchas pueden desaparecer sin que haga falta que el animal pase una muda. Creo que esta capacidad podría variar de modo que se acabara obteniendo un ejemplar de color naranja.

El plateado de ojos rojos es conocido por los criadores de otros países. Creo que algún día lo veremos en Australia.

Otra mutación relacionada con la mancha de la mejilla es un desarrollo inferior del color, cosa que se ha visto en el Reino Unido. Se dice que se hereda de forma autosómica recesiva y que modifica la mancha naranja de la mejilla haciendo que sea de color melocotón y que el rostro amarillo pase a ser de color limón pálido. Esta variedad está recibiendo el nombre de «rostro pastel».

Si se desarrollara una variedad del perlado en la que sólo los cañones de las plumas estuvieran coloreados, las aves parecerían tener un rayado fino.

Si está interesado en la carolina perfecta de cualquier color o patrón de coloración disponible, le deseo que pase muchas estaciones reproductivas de agradable observación y un placer gratificante mientras disfruta de su afición.

Asesor Técnico: **Manuel Company Pardo.**

Título de la edición original:
A guide to… Cockatiels and their mutations.

Es propiedad, 1994
© **Australian Birdkeeper,**
South Tweed Heads, Australia.

© de la traducción: **David George.**

© de la edición en castellano, 2006:
Editorial Hispano Europea, S. A.
Primer de Maig, 21 - Pol. Ind. Gran Via Sud
08908 L'Hospitalet - Barcelona, España.
E-mail: hispanoeuropea@hispanoeuropea.com

Depósito Legal: B. 21316-2006.

ISBN: 84-255-1665-X.

Consulte nuestra web:
www.hispanoeuropea.com

IMPRESO EN ESPAÑA   PRINTED IN SPAIN

LIMPERGRAF, S. L. - MOGODA, 29-31 (POL. IND. CAN SALVATELLA) - 08210 BARBERÀ DEL VALLÈS